浙江省社科联社科普及课题成果（22KPD24YB）

浙江水利水电学院河（湖）长制软科学研究基地研究成果（xrj 2022009）

文化自信视域下的

"诗画江南
活力浙江"

陈 静·著

ZHEJIANG UNIVERSITY PRESS
浙江大学出版社
·杭州·

钱塘江涌潮（黄启东摄）

钱塘江涌潮（黄启东摄）

钱塘江涌潮之一线潮（黄启东摄）

钱塘江涌潮之一线潮（黄启东摄）

钱塘江涌潮之交叉潮（黄启东摄）

钱塘江涌潮之交叉潮（黄启东摄）

钱塘江涌潮之鱼鳞潮（黄启东摄）

钱塘江（谢根能摄）

富春江（胡江摄）

富阳桐洲岛（浙江省水利厅）

新安江水电站九孔泄洪（刘柏良、张红临摄）

淳安千岛湖（刘柏良摄）

曹娥江（俞伟勇摄）

曹娥江大闸（王智炜摄）

水天一色之景宁大均水碓堰（丽水市水利局）

仙居县永安溪（张国华摄）

西茗溪（王旭雄摄）

北茗溪（刘焕根摄）

宁波市东钱湖（汪利良摄）

鳌江水系平阳县水口村（倪宝道摄）

序 一

凌先有

我曾多次到过江南，江南确实是一个令人魂牵梦萦的地方。特别是浙江，它像一位婉约的女子，既有倾国倾城的容颜，又有古典优雅的神韵；它又像一位俊朗的男子，既有玉树临风的姿容，又有儒雅风流的气度。这种骨子里的高贵与不凡，流淌在浙江的大江大河之中，凝练成了弥足珍贵的水文化、水精神。

陈静多年来一直致力于水文化、水精神的研究，在生态文明和文化传承发展上有一定的成果。这本书紧紧围绕水的主线，以浙江诗路文化为视角，以诗词为载体，将浙江八大水系中的水历史、水文化、水精神一一展示，既是一首流淌的诗，也是一幅行走的画，将浙江的美、浙江的文化很好地呈现出来，其提出的文化保护传承发展的建议也非常中肯。全书思路清晰，文字优美，观点鲜明，包罗万象地诠释着水的力量，在字里行间解读着水的精神。

水文化是指人们以水和水事活动为载体创造的一切与水有关的文化现象的总称，客观地存在于中华文化的各个方面。《水利部关于加快推进水文化建设的指导意见》指出，适应新阶段水利高质量发展对水文化建设提出的更高要求，迫切需要深入挖掘中华优秀治水文化的丰富内涵和时代价值，切实加强水利遗产的保护和利用，提升水利工程的文化品位，满足广大人民群众日益增长的精神文化需求；迫切需要加大水文化传播力度，增进全社会节水护水爱水的思想自觉和行动自觉，引导建立人水和谐的生产生活方式。陈静的这本书以独特的视角，凝聚了无数诗人的视线，从浙江诗路文化视域窥探水韵江南的活力浙江，钱塘江、曹娥江、瓯江、椒江、苕溪、甬江、飞云江、鳌江、运河，宛如一幅幅水墨风景，美丽灵秀，令人神往。在诗情画意中，作者力求挖掘浙江优秀水文化的丰富内涵和时代精神，诗意地讲述浙江水故事、弘扬浙江水精神、传播浙江水文化。

让河流的千年记忆流淌，在新时代芳华辉映，不仅需要水利人奋发开拓，在继承昨日的同时，创造美好的未来，也需要水文化工作者从治水实践中及时总结、培育和提炼水文化，丰富水文化传播形式，全方位、多视角诠释水文化丰富内涵、精神实质和时代价值，提升水文化传播的社会影响力。期待有更多的水文化工作者像陈静这样热爱水文化、研究水文化、传播水文化、弘扬水文化，也期待广大水利工作者能够将水文化成果运用到水利建设之中，用水文化、水精神助力水利高质量发展，更好地满足广大人民对美好生活的新期待。

（作者系中国文联全国委员会委员、中国作协全国委员会委员、中国水利文协副主席）

序 二

贺武华

文化是一个国家、一个民族的灵魂。

浙江历来重视文化建设。从 2003 年中共浙江省委十一届四次全会上习近平同志谋划提出"八八战略",指出要进一步发挥浙江的人文优势加快建设文化大省,到 2011 年中共浙江省委十二届十次全体(扩大)会议全面部署推动浙江从文化大省向文化强省迈进,再到 2021 年《浙江高质量发展建设共同富裕示范区实施方案(2021—2025 年)》中提出"人文之美更加彰显,努力成为精神普遍富足的省域范例",浙江省委、省政府始终把文化建设摆在全局工作的突出位置,构建了文化浙江建设的"四梁八柱",取得了丰硕的文化建设成果。

优秀传统文化是一个国家、一个民族传承和发展的根本。浙江自古山水灵秀,历史悠久,人文蔚兴。博大精深的浙江文化呈现出独特的"水性",蕴含着丰富的哲学思想、人文精神、价值理念、道德规范,千百年来深深影响着浙江人的品格生成与劳动创造,是浙江生生不息、发展壮大的丰厚滋养。陈静多年来深耕水文化研究并取得了诸多可喜的成果。这本书立足浙江"诗画江南 活力浙江"省域品牌,撷取了浙江"四条诗路"文化带上的优秀文化基因,围绕马克思主义的立场、观点、方法谈文化自信问题,以既通俗又诗化的语言传播浙江优秀文化,读来令人颇有耳目一新之感。

赓续历史文脉,坚定文化自信,我们文化、教育工作者责无旁贷,希望有更多的人能坚持把马克思主义思想精髓同中华优秀传统文化精华贯通起来,不断推进马克思主义中国化、时代化,推进中华文化自信自强,实现文化强国梦。

(作者系浙江省"八八战略"研究院副秘书长、浙江财经大学马克思主义学院院长)

前　言

江河是大地的血脉与灵魂，在蜿蜒曲折中流淌出物华天宝的大地，塑造了重重叠叠的山川，创造着浓郁多姿的文化。从游牧文化的"逐水而居"，到农耕文化的"临水而居"，人类文化因水而生，因水而盛。中华水文化是中华文化中以水为轴心的文化集合体，是以水为载体、以人与水的关系为纽带形成的一种独特的文化形态，既是一种客观的存在，也是一种精神的意象，蕴含在社会的方方面面。

浙江的水是流动的历史，构筑了博大精深、绵延不绝的文化底蕴。从8000多年前的跨湖桥文化，到其后的河姆渡文化、马家浜文化、良渚文化，浙江的水在蜿蜒奔腾中汇聚成浙江文化的源头活水。湖塘涟漪、碧水萦回、长堤安澜、井泉涌泽、水闸安流，在浙江八大水系中流淌成一幅幅动人的画卷，在文人墨客的浅吟低唱中孕育成瑰丽的诗路文化；丽水通济堰、诸暨桔槔井灌工程、宁波它山堰、湖州溇港、龙游姜席堰、金华白沙溪三十六堰、松阳松古灌区，一项项横贯古今的灌溉工程跻身世界灌溉工程遗产名录，向世界展示了浙江悠久的治水文化和治水、用水的智慧；大禹治水，钱王射潮，贺循凿西兴运河，白居易、苏轼修建白公堤、苏堤，茅以升设计建设钱塘江大桥，一个个可歌可泣的故事树立了浙江治水的丰碑，演绎着浙江的人文之魂。

浙江的水铸就了大气和谐、开放包容的城市性格。水文化的精髓是水的哲学和水的精神。自古以来，浙江人民"择水而栖，临江而居"，与水朝夕相处，形成了水一样的性格：纯洁、善良、乐观、开朗，像水一样有韧性、有灵性、有毅力、有魄力。从战天斗地的萧山围垦到砸锅卖铁修筑钱塘江海塘，从肩挑背扛建设新安江水电站到"流血流汗不流泪，掉皮掉肉不掉队"的滩坑水库建设，浙江人民以钢铁精神架起了血肉之躯，在利用河流、改造河流，与大自然做斗争的宏伟历程中，形成了特有的道德标准、思维方式和行为准则，筑起了浙江人强大的精神谱系。浙江几千年悠久灿烂的文明史，可以说是一部除水害、兴水利的治水史，一部促进经济转型升级的发展史，一部从文化大省向文化强省迈进的奋斗史。这是经过岁月沉淀而影响城市性格的集体记忆，也是渗透城市肌理而独具魅力的文化宝藏，更是直击城市灵魂而独领风骚的精神财富。

浙江的水孕育了自强不息、诚信创新的价值体系。浙江的水文化蕴藏着浙江人对生存的理解、对生活的向往和对未来的追求，是浙江文化的核心力量，也是推动浙江经济社会发展的精神动力。从哲学辩证思维审视浙江水文化，我们可以发现，人们涉水活动的价值取向和行为方式促进了浙江水文化的形成。而浙江水文化一旦形成，便蕴含了自己独特的价值体系和规范标准，反过来又对人们涉水活动的价值取向和行为方式产生了导向作用，由此不断丰富着浙江水文化的内涵与外延，铸就着浙江依水而生、以水为名、缘水而立、治水而兴、因水而强的历史。

2019 年，浙江省政府印发实施《浙江省诗路文化带发展规划》，提出建设浙东唐诗之路、大运河诗路、钱塘江诗路和瓯江山水诗路"四条诗路"文化带，打造有灵魂、有美景、有历史、有文化的现代版"富春山居图"。"一文含四带，十地耀百珠。"诗路文化带串联了我省文化精华之"链"、山水之"链"、全域发展之"链"，让文化之魂深深镌刻在浙江大地上，成为承载浙江文化振兴和产业发展的综合平台，是推进人文浙江建设的时代亮点，是"美丽浙江"大花园建设的诗意灵魂，对打响"诗画浙江"金名片具有重要意义。沿着古人的足迹，行走在"四条诗路"上，我们可以惊奇地发现，"四条诗路"离不开浙江的山山水水，离不开浙江的八大水系，可谓是一泓碧水，串联城市文脉。

本书一开始以"水韵江南　诗画浙江"为题，重在突出水韵和诗画。但细细推敲，从马克思以人为本的文化理论看，该题目只重在浙江文化的表象，却未及浙江文化的精髓。2022 年 6 月，浙江省第十五次党代会报告首次提出"诗画江南　活力浙江"省域品牌主题词，12 月 19 日，中共浙江省委十五届二次全会把"中华文明浙江标识和'诗画江南、活力浙江'省域品牌更加鲜明"作为未来五年的主要目标任务。这是我省整体形象的集中表征,是区域软实力的内核呈现。当前,我省正迈入高水平全面建设社会主义现代化、高质量发展建设共同富裕示范区的新征程,打造既能突出浙江特点、时代特征,又能彰显社会导向、文化内涵的省域品牌,对于提升浙江综合实力、展现浙江形象、参与国际竞争、凝聚群众共识都具有重要意义。"诗画江南"体现了浙江厚重的历史底蕴、优美的山水风光,有鲜明的历史感、意象美。"活力浙江"发轫于浙江人民始终秉承的富于创造力的文化基因与传统,展示了改革开放以来浙江经济社会的发展状态,充分体现了浙江省域的精神品格、历史底蕴、文化内涵、实践特色和时代特征。

　　用"诗画"二字为题,神形兼备,表达了"诗和远方""美和诗意"的融合,是努力追寻物质富裕、精神富有两相兼具的象征,彰显了浙江共同富裕的底色。用"活力"二字为题,画龙点睛,突出了文化以人为本的重要特征,彰显了浙江人民善于"闯"、勇于"试"、敢于"冒"的基因传承,是浙江精神的具体化,道出了浙江持续发展的秘诀。然而无论是"诗画江南"还是"活力浙江",水一直是贯穿其中的主题元素,以水为载体、以人与水的关系为纽带形成的水文化,也成为"诗画江南、活力浙江"的主角。因此,本书最终以"诗画江南　活力浙江"为题。题目中虽未提水字,但全书处处有水,呈现了博大精深的水文化、水精神。

　　全书以水为主线,以浙江诗路文化带为依托,围绕浙江八大水系,探究诗词背后浙江人对生存的理解、对生活的向往和对未来的追求,展示浙江文化的基因、社会价值观和民族性格,引导社会大众特别是广大青少年亲近浙江山水、走进诗路文化、吟诵传统经典、寻根浙江文化,激发浙江人的文化自信和价值认同。之所以遴选浙江诗路文化带上的钱塘江、瓯江、椒江、甬江、苕溪、运河等流域的经典涉水诗词为切入点,是因为诗词不仅是阐述心灵的文学艺术,而且高度集中地概括反映了现实的社会生活。"诗"不仅仅是诗,其体现的是浙学文化;"路"并非简单的路,不仅是历代文人雅士的寻山问水之路，也是一条本土文人的求学之路，更是浙江精神的孕育萌生之路和传承发展之路。

全书共九章，从文化自信的视角出发，遵循马克思主义理论和习近平新时代中国特色社会主义思想。第一章"诗路文化上的璀璨明珠——钱塘江流域"，从"千年流淌的记忆""古韵芬芳的文明""人水情缘话传承"三个维度审视钱塘江流域文化。从治水神话看"民本思想"的光耀古今，从潮神信仰看"人水和谐"的历史启蒙，从钱塘江诗路看"弄潮儿形象"的时代价值。体会钱塘江诗词中的人水情缘、钱塘江水文化的艺术精神，构建人水和谐的文化图腾。本章紧紧围绕"以人为本、人水和谐、浙江精神"叙事说理，提出作为缘水而居、依水而生、伴水而长的浙江人，要处理好人水关系，构建人水和谐的文化图腾，传承发展好水文化、水精神。

第二章"山河织就的浙东唐诗之路——曹娥江流域"，从"含'唐'量最高的山水走廊""一江流淌诗与画""为有源头活水来"三个维度解读。之所以把属于钱塘江水系的曹娥江单独成章，是因为曹娥江是浙东唐诗之路上的佼佼者，是含"唐"量最高的山水走廊，蕴含着丰富的浙江水文化，彰显着文明与科学、诗意与禅思、道德与信念的时代光辉。从民间传说看浙江孝文化起源，从唐风晋韵品东山之隐的文化意蕴，从曹娥江大闸听浙东治水弦歌。本章从"孝道文化、人生境界、治水精神"叙事说理，指出文化浙江不仅要关注文化产业的发展、文化设施及公共文化服务体系等硬实力建设，更要重视理想信念、价值观念及道德风尚等软实力的构建。

第三章"中国山水诗的开山鼻祖——瓯江流域"，从"八百里瓯江奔腾""一库碧水惠民生""一江秀水出山来"三个维度解读瓯江流域文化。从瓯江山水诗看山水文化发展，从大张坑畲族村看畲文化传承。本章用马克思主义的立场、观点以及"文化共生"理论探讨了文化传承和发展问题，并提出了文化重构中要把握好文化共融和文化重构的度，保持文化的"本真性""原生性""创生性"。

第四章"山水文化的集大成者——椒江流域"，从"山海交辉奏华章""饮水思源忆年华""一代文明展新风"三个维度解读椒江流域文化。从台州看山水文化的形成,从大陈岛垦荒看大陈岛精神。本章从地域文化的角度,解读了流域内"淳朴重义、谦和明理、创新求变、讲究实效"的地域人文精神,指出站在新发展阶段的历史新起点,要坚持以人民为中心的发展思想,以垦荒精神砥砺初心使命,以垦荒精神引领干事创业。

第五章"山水清远的诗路之花——苕溪流域",从"依水襟水靓如画""一带诗溪寻宋韵""湖山争辉话文明"三个维度解读苕溪流域文化。从"苕溪渔隐"看获港鱼文化,从"苕雪意象"读隐逸文化,从"东苕溪之变"观良渚文明。本章从哲学、文化学视角解读了浙北文明,指出文明因河流孕育、受河流滋养、随河流流淌、与河流共存。

第六章"海上诗路的启航之地——甬江流域",从"山水神秀春满园""海上蓬莱定乾坤""一枝独秀润年华"三个维度解读甬江流域文化。从河姆渡文化中的水韵文明看文化传承,从宁波历史上的治水功臣看水利精神传承。本章从马克思主义文化遗产观角度,提出了传承、发展与创新的关系。

第七章"文墨相传的蓬莱仙境——飞云江流域",从"从容飞渡涛不惊""秀水寻踪觅诗韵""千年文明续薪火"三个维度解读飞云江流域文化。从徐震和忠训庙看八百年忠义流传,从飞云江古文化遗址看文化遗产保护,从瑞安木活字印刷看千年文明薪火续存。本章立足马克思主义文化遗产观,从历史现状、存在问题、对策建议三个层面分析,指出要正确处理文化遗产保护中一系列复杂关系,让文化遗产"活"在当下,回归人们生活,"活"进人们心中,凝聚出强大的文化力量,推动中华优秀文化走出去,与时代同行,与世界同进。

第八章"踏浪前行的千年鳌头——鳌江流域",从"千年鳌头展雄姿""山水诗韵照古今""珠璧联辉映芳华"三个维度解读鳌江流域文化。从鳌江划大龙看民俗文化传承,从鳌江鱼文化谈人鱼情结。本章从民俗文化入手,指出文化是依赖象征体系和个人记忆而维持着的社会共同经验,要挖掘其蕴含的深层次文化基因，把握其核心精神和基本元素，提升文化认同感，形成文化向心力和凝聚力。

第九章"古韵流芳的文化水路——运河流域"，从"一脉千年运河情""流淌的文化印记""流动的中华文明"三个维度解读运河流域文化。从文学作品读运河文化意象，从运河遗韵看文化遗产保护。本章运用了马克思主义的立场和观点，指出运河文化发展要在继承提取运河文化基因的基础上，根据显性基因和隐性基因的不同特征，对运河文化基因进行活化和创造，让它在新时代绽放独特的魅力，并随着时代的发展不断赓续新的文化血脉，丰富新的文化内涵。

文化兴则国运兴，文化强则民族强。文化自信是一个国家、一个民族发展中更基本、更深沉、更持久的力量。增强文化自信是实现文化自觉和文化自强的重要精神力量，对推动社会主义文化繁荣兴盛、建设社会主义文化强国具有十分重要的战略意义。党的二十大报告对推进文化自信自强，铸就社会主义文化新辉煌提出新的要求。新征程上要有新作为。当前，作为文化大省的浙江正朝着高水平推进文化强省建设、打造新时代文化高地的目标接续奋进、勇毅前行。笔者撰写本书的初衷，是希望在认识浙江文化自信、自觉上使读者有所共鸣，激发文化自信和自觉的深沉力量，让文化成为实现共同富裕的"关键变量"。

本书在撰写过程中，承蒙中国水利文学艺术协会副主席凌先有，浙江财经大学马克思主义学院贺武华院长、人文与传播学院荆亚平教授，浙江水利水电学院闫彦、蒋剑勇、崔诚亮教授，陈治国博士和白晓丽老师的悉心指导，以及马克思主义学院王伟英院长的大力支持和施佳同志的热情帮助，还有我可爱的学生汤露然、刘津睿、王逸楠等帮助查找资料，在此表示衷心的感谢！特别要感谢闫彦教授，本书很多诗词来源于闫彦教授前期的诗词整理。由于时间仓促及本人水平有限，舛误之处在所难免，敬请读者批评指正！

陈　静

2022 年 10 月 22 日

目　录

第一章

诗路文化上的璀璨明珠

——钱塘江流域

你，从黄山走来，奔向辽阔的东海；

你，从远古走来，见证了时代的变迁。

巍峨的华表，

构筑了刚毅的"海上长城"；

奔腾的江水，

哺育了两岸钱塘儿女。

世纪钱塘，百年的辉煌，

一个又一个动人的故事，在这里演绎，

一曲又一曲优美的赞歌，在这里回荡。

奔腾激越的钱江潮里，

翻滚着昔日英勇的浪花；

慷慨激昂的时光之弦，

传唱着亘古不衰的钱塘精神；

新时代的号角奏响了共同富裕的新篇章。

人们坚信，"钱塘定，浙江兴"；

人们期待，"钱塘安，人民富"。

第一节 千年流淌的记忆

是谁，携着吴越青铜的刀光剑影、俏比西子的风花雪月、良渚琢玉的文明曙光，从黄山之巅奔向东海之滨，从远古时代走向现代文明。钱塘江，浙江的母亲河。她气势磅礴，是天下独绝的自然与人文景观；她变化万千，拥有"水上长城"般的古今海塘。她诉说着亘古辉煌的历史，孕育着古老灿烂的文化。

源远流长钱塘江

钱塘江，古名浙江，其名最早出于先秦地理名著《山海经》，有"浙江出三天子都，在其东"之说。《汉书·地理志》中称"浙江水出南蛮夷中，东入海"，故又称浙江。此江折成"之"字，故称"之江""折江"；传说水流凶险，江中有巨石如鬼，又名罗刹江；三国时流经古"钱唐县"，始有"钱唐江"之名。

钱塘江是浙江省第一大河，发源于安徽省黄山市休宁县龙田乡江田村青芝埭尖北坡，干流由西南向东北，由皖南入浙北，分别流经衢州（开化），金华，杭州的建德、桐庐、富阳，在闻堰纳入浦阳江，经萧山、滨江，嘉兴的海宁、海盐，绍兴的柯桥、上虞，宁波的慈溪、余姚等，上海市的金山、南汇，在上海浦东新区芦潮港—镇海一线杭州湾的湾口汇入东海。

钱塘江干流全长 609 公里，流域面积达 5.5 万多平方公里，跨皖、赣、闽、浙、沪五省（市），是浙江省流域面积最大的水系。干流从西向东汇入东海，流域将崔嵬雄浑的黄山、秀水环抱的千岛湖、幽邃奇古的天目山、秀比天堂的西子湖和风景秀丽的湘湖——串联，形成了一道道秀丽壮美的风景线，孕育了上山、跨湖桥、河姆渡等文化，是世界稻作、蚕丝、茶叶、漆作、瓷器、酿酒的主要起源地，也是全球最早的独木舟、彩陶和水利系统的发现地。

吞天沃日钱江潮

"海阔天空浪若雷，钱塘潮涌自天来。"钱塘江河口呈巨大的喇叭形，加之江口遭遇巨大的"拦门沙坝"，受太阳与月亮的引力及地球自转离心力的影响，大海潮汐致使海水倒灌，便形成了波澜壮阔的钱塘江涌潮。钱江潮古称"浙江潮""钱塘潮"，与巴西亚马孙涌潮及印度恒河涌潮并称为"世界三大涌潮"。钱江潮从海宁市与海盐县交界的高阳山至绍兴市上虞区夏盖山一带开始出现，溯江而上约 100 公里，至杭州市萧山区闻堰以上逐渐消失。强潮时，潮波可影响至桐庐富春江电站。水利部门曾用科学仪器监测，钱塘江最大流速为 6.65 米/秒，较之长江 1—2 米/秒的流速，钱塘江可谓当之无愧在全中国跑得"最快"的河。

钱塘江涌潮姿态万千，有交叉潮、二度潮、一线潮、回头潮、兜潮、对撞潮、波纹潮和鱼鳞潮等。其中，最有名的要属交叉潮、一线潮和回头潮。距杭州湾 55 公里的大缺口是观看十字交叉潮的绝佳地点。由于长期的泥沙淤积，大缺口在江中形成一沙洲，将从杭州湾传来的潮波分成两股，在呈十字形的交叉碰撞间，呈现出"海面雷霆聚，江心瀑布横"的壮观景象。海宁市盐官镇的一线潮以"一线横江"之势横扫千军，犹如擂起万面战鼓，又似"素练横江，漫漫平沙起白虹"，呈现出万马奔腾之势，雷霆万钧之力，锐不可当，甚为壮观。钱塘江南岸萧山南阳的赭山美女坝为又一观潮胜地。咆哮前进的潮水，遇到丁坝等人工阻碍物反射折回，在猛烈撞击对面堤坝后，以泰山压顶之势翻卷回头，声如狮吼，惊天动地，被称为"美女二回头"，壮观异常，更为罕见。

鱼鳞潮是一种新型潮景，在 2021 年钱塘江涌潮科考时首次被发现。罕见的鱼鳞潮由一线潮和波纹潮交叉而成，两股潮水平行前进，后面的波纹潮速度加快，在波峰处与一线潮交叉，形成了鱼鳞状的涌潮，甚是经典。

庄子在《南华经》中写道："浙江之水，涛山滚屋，雷击霆碎，有吞天沃日之势。"这是历史上有关钱江潮的最早记载。此后钱江潮波涛汹涌、巨浪排空的壮阔气势掀起了人们的观潮之风。每年农历八月十五日至十八日，是钱塘江潮势最汹涌澎湃的时候，也是观潮的最佳时期，此时潮头如万马奔腾，山飞云走，撼人心目，堪称天下一绝，引得历代诗人心生向往，反复题咏。

据史料记载，中国古代很早就有观潮活动，唐宋以后浙江观潮成为风俗，每月农历初一至初六、十五至二十为观潮佳日。唐代李吉甫《元和郡县图志》记载："浙江东在县南一十二里……江涛每日昼夜再上。常以月十日、二十五日最小，月三日、十八日极大。小则水渐涨不过数尺，大则涛涌高至数丈。每年八月十八日，数百里士女共观，舟人渔子溯涛触浪，谓之弄潮。"宋代苏东坡的《八月十七日复登望海楼》诗云"赖有明朝看潮在，万人空巷斗新妆"，表明八月十八日万人空巷的观潮盛况已是常态。时至南宋，都城临安（今杭州），观潮活动愈发盛大：水军操练，弄潮儿手持彩旗，踏浪争雄；百姓倾城而出；王公大臣乃至皇帝、太上皇都临江观赏。而在今天，钱塘观潮不仅成为一种传统，而且更是杭州旅游的一张金名片，每年吸引无数游客慕名而来，一览风采。

钱塘江诗路上，描写钱江潮的诗作不胜枚举。

东晋诗人苏彦的《西陵观涛》：

> 洪涛奔逸势，骇浪驾丘山。
>
> 訇隐振宇宙，漰磕津云连。

诗人在钱塘江西兴段观潮，看到了奔涌的潮水如洪涛拍岸，以排山倒海之势奔腾向前，惊涛巨浪高高涌起，凌驾于丘山之上，不断向四周蔓延，直至水天相接。巨大的涛声震撼了整个宇宙，惊天动地，响彻云霄，云中不断传来轰轰的回声。

"奔逸势"写出了江涛流速之疾，"驾丘山"描绘出江涛腾跃之高。"訇（hōng）隐"和"漰（pēng）磕"，突显浪潮声之大。诗人夸张地描述了多向性的听觉感受，含蓄地表现了江涛的壮伟景象，惊心动魄的巨浪使人目虽骇而神却怡。

唐代诗人孟浩然的《与颜钱塘登障楼望潮作》，是诗人漫游吴越至杭州，与钱塘县令颜某同观钱塘江潮时所作。

> 百里闻雷震，鸣弦暂辍弹。
>
> 府中连骑出，江上待潮观。
>
> 照日秋云迥，浮天渤澥宽。
>
> 惊涛来似雪，一坐凛生寒。

这是一首吟咏钱江潮的佳作，全诗张弛有度，承转自然，可分为观潮前与观潮两部分，既有雄浑壮美的画面，又有从容潇洒的气韵。

孟浩然是唐代第一个创作山水诗的诗人，是王维的先行者。在孟浩然这里，山水诗中的形象，已不再是山水原形的描摹，而是将山水形象的刻画与自己的思想感情及性情气质的展现合而为一，这种使其山水诗中的形象提升为艺术形象的高级形态，称为"意象"。

首句"百里闻雷震"，未见其潮，先闻其声，以虚实结合、先声夺人之妙，写出了潮声如雷贯耳，响彻云霄，渲染了江潮的磅礴气势。"鸣弦暂辍弹"，运用了孔子弟子宓子贱的典故，称赞"颜钱塘"善理政。

后四句写出了观潮的盛况，欲写潮而不直接写潮。上句以秋云迥衬托江潮远远而来，下句借浮天渤澥反映潮的浩阔，诗人善于借助日光、秋云、天空、大海烘托出钱塘江大潮澎湃激荡的伟力，似有"惊涛骇浪排空来，卷起沙堆似雪堆"之感。

尾句"一坐凛生寒"，诗人以神来之笔，刻画了满座观潮人吓得胆战心寒的神态，从侧面烘托出了潮水的威力，渲染了直接描摹潮水所难以获得的艺术效果，表达了诗人对钱塘江潮这一奇观的震撼与赞颂。

唐代诗人刘禹锡在《浪淘沙》中描绘了钱塘江海门龛山、赭山一带的风景。全诗以写景为主，语言优美，视觉感强，特别是"潮来时"一段，把钱塘江潮描绘得有声有色，读来令人如临其境，如闻其声，如见其景。

八月涛声吼地来，头高数丈触山回。

须臾却入海门去，卷起沙堆似雪堆。

"八月涛声吼地来"，由远而近，以一个动词"吼"字，突出涛声逼近的感觉。八月十八日的钱塘江大潮如万马奔腾，吼地而来，数丈高的浪头径直冲向岸边的山石，猛地反弹撞击而回，发出震耳欲聋的巨响。

似乎在片刻之间，潮水便退向江海汇合之处回归大海，但它所卷起的座座沙堆却留了下来，在阳光的照耀下像一地雪堆静静地堆积在江岸。"卷起沙堆似雪堆"，诗句表面似乎不是写潮水，实际上恰恰紧扣起句"吼地来"，以潮去后留下的又一奇景，衬托出八月潮吼地而来、触山反弹的壮观场面。

钱潮风涌灾难频

面对如此壮观的钱塘江涌潮及观潮盛景，也许很难想象钱江潮曾经给人们带来过巨大的灾难。

何意滔天苦作威，狂驱海若走冯夷。

因看平地波翻起，知是沧浪鼎沸时。

初似长平万瓦震，忽如员峤六鳌移。

直应待得澄如练，会有安流往济时。

这是宋代齐唐的《观潮》诗，反映了那个时代对涌潮的认识，透露出了无可奈何的悲伤情绪。确实，历史上涌潮给沿江人民带来过深重的灾难。

唐代白居易任杭州刺史时，曾以文祷神，文中有"安波则为利，洚流则为害"。不过，涌潮的危害却不以人们的意志为转移。自唐武德元年（618年）直至中华人民共和国成立前夕的1331年间，有史可稽的潮灾共有184年，平均7.2年便可能发生潮灾。唐大历十年（775年）七月大风，杭州"海水翻潮，漂荡州郭五千余家，船千余只，全家陷溺者百余户，死者四百余人"；咸通元年（860年），钱塘县（今杭州市的一部分）潮水冲击江岸，"奔逸入城，势莫能御"。明成化八年（1472年）七月，狂风大作，江海横溢，钱塘江北岸杭州至平湖，"城郭多颓，庐舍漂流，人畜溺死"。海盐平地水丈余，"溺死男女万余人"。中华人民共和国成立后经过不断治理，灾情虽逐渐减轻，也出现过1955年6月遍及全流域的洪灾和1969年7月分水江的特大洪灾，1956年8月、1974年8月及1997年8月等多次台风、风暴潮破坏河口两岸支堤、围堤的局部潮灾。

有人说，母亲河钱塘江比黄河还任性，潮水气势雄伟，威力巨大，变幻莫测。涌潮曾将海宁十堡41号丁坝处重约30吨的混凝土砌石块坝面掀起，抛离原地七八米并竖靠在石塘边。疾窜上塘的潮水也曾将海宁盐官塘顶重1.5吨的"镇海铁牛"掀起推离10余米。除了涌潮给人们带来灾难外，潮水伤人事件在观潮时也时有发生。1993年10月3日（农历八月十八日），萧山围垦二十工段大批观潮人群被涌潮卷入江中，死亡57人，受伤28人。这次潮水伤人事件引起中共浙江省委（以下简称省委）、省政府高度重视，时任省委书记李泽民指示加强观潮安全管理工作。但此后，仍有少量因不熟悉水性而引发的观潮事故。①

面对灾难频繁的钱塘江，人们一度认为只有消灭涌潮，两岸人民方能安全，以至于人们在治江方略中不断探寻消灭或减小涌潮的举措。随着时代的进步、科技的发展以及人们认识的改变，人们已然意识到钱江潮是大自然赠予人类的奇观。2000年9月16日，中央电视台通过卫星向全世界现场全程直播钱塘江涌潮。尤其是2001年12月，国务院第118次总理办公会议讨

---

① 《浙江通志》编纂委员会：《浙江通志·钱塘江专志》［M］. 杭州：浙江人民出版社，2021：89.

论杭州湾跨海大桥立项问题，就建桥对钱塘江涌潮带来的影响等做进一步深化研究。至此，在各类治江规划编制、涉江工程建设前都要进行涌潮影响评估，保护涌潮也逐渐成为社会共识。由此钱塘江涌潮或许会成为下一个世界遗产。

巍巍海塘见人文

浙江因水而生，也因塘而存。这个塘也就是横亘在钱塘江沿岸的海塘。千百年来，潮乡人民在捍卫母亲河的同时，也书写了一部恢宏壮丽的"捍潮史话"。

为了抵御潮水，历朝历代都十分重视海塘建设，钱塘江两岸人民在河口两岸修筑了不同类型的海塘。有史可记的海塘，最早可追溯到东汉时期华信为防御潮水所筑的土塘，这是中国历史上第一道有文字记载的海塘。

后梁开平四年（910 年），吴越国国主钱镠决定重新修筑海塘。这道新海塘位于今六和塔至艮山门一带。当时这一带仍为江面。为了更好地抵御潮水对陆地的冲击，钱镠发明了"石囤木桩法"。这种用"石囤木桩法"建造的海塘，被称为"钱氏捍海塘"。与华信海塘相比，钱氏捍海塘更坚固，更能经受潮水的冲击。

绍兴八年（1138 年），南宋正式定都杭州。为使钱氏捍海塘更加坚固，南宋官员刘垕（hòu）发明了备塘河和土备塘，形成了"石塘—备塘河—土备塘"的三层防御体系，保卫杭州城长达 300 多年，一直到元朝才创新采用了条石纵横交错砌筑法。到了明朝，为了抵御海寇，修筑海塘显得尤为重要。明嘉靖年间，黄光升首创"鱼鳞大石塘"，形成了兼具捍海潮和捍海寇作用的海塘，但由于造价过高被搁置。

明清以来，修筑钱塘江海塘上升为国家工程。清朝，钱塘江北岸成为受潮水猛烈冲击的重灾区。浙江巡抚朱轼在总结前人经验的基础上大胆创新，筑起了集历代海塘之大成的新鱼鳞石塘。目前，杭州海塘遗址博物馆展示的钱塘江海塘遗址，是一段标准的新鱼鳞石塘。

> 却闻夯桩时，老翁言信应。
>
> 竹扦试沙窝，成效免变惊。
>
> 因下梅花桩，坚紧无欹倾。
>
> 鱼鳞屹如峙，潮汐通江瀛。
>
> 功成翁不见，讵非神所营。

这是乾隆皇帝来海宁视察时所赋诗中的末段，虽是封建帝王所作，却如实反映了老塘工对修筑鱼鳞石塘所作的巨大贡献。1000多年来，从土塘、竹笼石塘、柴塘到鱼鳞式石塘，筑塘技术不断发展，世代筑塘人战斗在汹涌的钱塘江边，凭着丰富的实践经验和创造才能，保护着杭嘉湖平原经济的发展。

如果说清代的鱼鳞大石塘承袭了明代纵横叠砌鱼鳞塘的结构形式，那么民国以后开始采用混凝土及钢筋混凝土的近代海塘建筑结构形式，不仅增强了塘身的整体性，而且提高了抗御风潮的能力。新中国成立后，浙江人民从"被动防守"到"主动治江"，采用固塘与保滩、治江相结合的策略，由单纯防御转为综合治理，整束宽浅游荡的江道，不仅稳定河道主槽，还增加了多道新的防线。

随着20世纪60年代治江围涂的实施，相当数量的临江一线塘段已为当地政府围涂所建的围堤所取代。从20世纪80年代起，为提高海塘防御能力，各级地方政府不断进行海塘加固建设，直到20世纪90年代，浙江省委、省政府果断作出"建千里海塘，保千万生灵"的重大决策，就是砸锅卖铁，也要把海塘建成！历时多年，2700多公里的海上长城蜿蜒犹如长剑伏波，经受住了台风"桑美""云娜"等考验。海塘身上的斑斑"伤痕"，见证着沿岸人民抗潮抗台的智慧结晶与精神财富。

2022年，海塘安澜千亿工程被纳入省政府十大民生实事，浙江投资千亿元打造高标准绿色生态海塘，筑牢沿海生态安全屏障，全省沿海地区上下一心、团结奋斗，全年实现开工312公里，超额30%完成年度目标任务。如今，漫步于海塘大堤之上，可以尽享天下奇观美景。巍然屹立的千里海塘，犹如"捍海长城"，早已成为沿岸人民的"生命线""致富线""发展线""幸福线"。

历史是连续的，是不容割裂的，也是文化的凝练。经过千百年历史积淀的钱塘江古海塘，是中华民族在长期治水实践中留下的弥足珍贵的文化遗产，是全国重点文物，也是国家水利遗产。其中，"海宁海塘·潮文化景观"列入了《中国世界文化遗产预备名单》。

杭州境内的古海塘主要分南岸、北岸两条，"南线"贯穿滨江、萧山多个街镇；"北线"从转塘狮子口村到宋城、九溪、复兴路再转到秋涛路、清江路、石塘路，经过杭海路，一直到九堡、乔司，最后跟海宁古海塘相接……两条线路加起来，杭州境内古海塘有近50公里。如今，有着300多年历史的古海塘，每天要经受两次洪峰冲击，至今仍然发挥着重要的防洪作用。

钱塘江古海塘人文内涵丰富，承载着我国不同历史时期的文明发展进程，多样的文化形态造就了多元的水文化资源格局，拥有海塘主体工程遗产、海塘工程辅助设施文化遗产、海塘景观文化遗产、非工程形态的文化遗产等，其筑塘的传统和历史，孕育了"忠诚奉献、科学务实、勇立潮头"的钱塘精神，传承发展成为如今"干在实处、走在前列、勇立潮头"的浙江精神。

随着经济全球化和现代化进程加快，中国的文化生态正在发生巨大变化，文化遗产及其生存环境受到严重威胁。在新时代推进共同富裕的道路上，经济社会发展对海塘岸带的开放共享贯通、历史文化传承、休闲观景多元体验、功能岸线统筹等的需求日益突出，这就要求我们以文化发展的视角重新审视钱塘江古海塘文化遗产价值及保护、传承、利用前景。[1] 用马克思主义文化遗产观审视钱塘江古海塘文化遗产保护与"以人为本"科学发展观的逻辑理路，促进文化生态平衡，推进文化生产力发展。

---

[1] 陈静. 钱塘江杭州段海塘文化遗产保护与传承研究 [J]. 浙江水利水电学院学报，2023，35（5）：8-12.

第二节　古韵芬芳的文明

"江南忆，最忆是杭州。山寺月中寻桂子，郡亭枕上看潮头。何日更重游？"白居易的这首《忆江南》道出了对杭州的眷恋以及钱塘江观潮留给他的深刻印象。钱江潮波涛汹涌、巨浪排空的气势在无数文人墨客的浅吟低唱中流淌出一段段古韵芬芳的水韵文明。

流淌的文化记忆

钱塘江是浙江文明的摇篮，从古代文明源起到现代经济发展，她诉说着亘古辉煌的历史，孕育着古老灿烂的文明。钱塘江流域，是中国重要的文明发祥地之一，是诗路文化上的璀璨明珠，为浙江的发展增添了灵动与活力。

钱塘江，从钱江源头开化的一滴水珠汇流而下，在文人墨客的诗词歌赋中千回万转、流淌绵延，跨越了汉、晋、唐、宋、元、明、清、近代至现代二十多个世纪的峥嵘岁月，形成了一条咏史怀古的文化水路——钱塘江诗路。

钱塘江诗路，即以"新安江—富春江—钱塘江"为主线的一条文化旅游路线，主要描绘新安江山水、七里滩之游、富春江之游、桐君山之游、钱江潮与六和塔等，是浙江文化不可或缺的组成部分，也是浙江流动的"历史画卷"和"艺术名片"。

钱塘江诗路治水历史悠久，拥有一大批形式多样、内容丰富的水文化遗产。如良渚古城的水坝系统，设计范围超过100平方公里，集防洪、运输、蓄水等综合功能于一体，堪称"世界第一坝"，展现了5000年前中华文明乃至东亚地区史前稻作文明发展的极高成就，在人类文明发展史上具有重要意义。再如8000年的跨湖桥遗址，凸显了因水而生的厚重底蕴[1]，这里出土了大量的陶器、骨器、木器、石器以及人工栽培水稻等文物，其中就包括世界上最早的独木舟、最早的漆弓，中国最早的草药罐、最早的甑、最早的慢轮制陶技术、最早的水平踞织机，长江中下游地区最早的栽培稻。这些文物经专家碳14测定，距今8000年左右。跨湖桥遗址因此被认为是我国新石器时代早期遗址之一，比著名的河姆渡文化还早1000多年，将浙江的文明史整整向前推移了1000年。

钱塘江诗路上的山水，或清新隽秀，或梦幻旖旎，有志之士于此出仕，高蹈之人在此归隐。朱彝尊的《百字令·富春道中》、陆游的《泛富春江》、张伯玉《钓台》，仕与隐、进与退，绵绵的禅意在这片山水中相协相奏，为钱塘江诗路平添了几许传奇色彩，增强了诗路的文化魅力。

自古以来，钱塘江两岸人民择水而居，在防御水患和开发利用水资源的治水过程中，创造了丰富多彩的水文化遗产，而这一城山光水色也吸引了本地的文化名人，过境的诗人、帝王、官吏等，在钱塘江流域留下了流传千古的诗歌宝藏，形成了另一番独具特色的水文化遗产。

他们或绘声绘色，为钱塘江潮做千余年的"摄影录音"；或唯心唯物，探究钱塘江潮水的形成原因；或咏潮咏心，抨击时代浪潮，抒发个人心志；或治塘治潮，寄托钱塘江两岸人们的祈福求安……可谓名家迭出，佳作如林，反映了浙江特有的"潮风光"和"潮精神"，成为记载钱塘江潮的千载"历史

---

① 陈静，俞侃.生态文明视阈下钱塘江唐诗之路水文化遗产保护与传承研究[J].浙江水利水电学院学报，2022，34（5）：8-12.

画卷"和"艺术名片",影响广泛深远。

诗人笔下的钱塘江潮诗情浓、画意美。唐代诗人朱庆余的"不知来远近,但见白峨峨"和明代诗人胡奎的"海门青一点,遥指午潮生"描绘了钱塘江潮到来前的秀丽景色,引人遐想;赵嘏的"一千里色中秋月,十万军声半夜潮"和罗隐诗句"怒声汹汹势悠悠,罗刹江边地欲浮",描绘了钱塘江潮到来时,潮水如奔腾的千军万马席卷而来的壮观景色,令人叹服。

听其声、观其形、赏其态、悟其魂,然"诗以言志",钱塘江诗路,不仅是旅游之路、诗歌之路,也是文化之路、精神之路。历代诗人在反复吟唱中,赋予了江水活泼的生命①,将深邃美丽的艺术世界隐逸在迷离壮观的艺术氛围之中。钱塘江诗路,在厚重的历史积淀中,蕴藏着浓郁的文化内涵。

钱塘江诗路骨子里的文化气质,汲取了江南特有的温柔婉约,又时时进发出历史积淀中的刚烈之气,温婉中不失霸气,柔美中不缺刚强。如富春江上的子胥渡、钱塘江畔的六和塔,在刚与柔的交融、历史与自然的交错中,为钱塘江诗路增添了无限的张力。吴越王钱镠与"十万军声半夜潮"的钱江潮水搏斗;生于富春江畔的郁达夫矢志抗日,"会当立马扶桑顶,扫穴犁庭再誓师"。这种天地英雄的浩然之气横亘古今,壮大了钱塘江诗路的格局。

2018年,浙江省委、省政府提出"钱塘江唐诗之路",大力推进"钱塘江唐诗之路文化带"建设,深化"拥江发展"战略文化带。在西湖时代走向钱塘江时代、钱塘江时代向"拥江发展"的今天,打造一条钱塘江诗词之路,其实是对优秀传统文化的复兴和创造性发展。

美国现代哲学家刘易斯·芒福德在《城市文化》中曾说:"城市是文化的容器。"而文化,作为城市的灵魂,是一座城市得以发展延续的生命力量。钱塘江水气势磅礴、源远流长,城市的发展也要奔竞不息、亘古绵长。

---

① 陈静. 钱塘江水文化艺术精神初探 [J]. 浙江水利水电学院学报,2022,34(2):8–11.

从治水神话看"民本思想"的光耀古今

钱塘江流域治水历史悠久，流域人民为治理开发钱塘江呕心沥血，流传着许多可歌可泣的治水故事，留下了极其丰厚的历史文化遗产。其中，大禹治水和钱王射潮的治水神话，流传古今中外，为人称道。

大禹是中华民族的共同祖先。传说，三皇五帝时期，黄河泛滥，鲧、禹父子二人受命于尧、舜二帝，治理水患。鲧采用了"堵"的办法，最终以失败告终。面对滔滔洪水危及沿岸百姓，大禹果断地从鲧治水的失败中汲取教训，对洪水进行疏导，体现出带领人民战胜困难的聪明才智，"禹疏九河"的故事也广为流传。

大禹治理洪水 13 年，长年在外与民众一起奋战，风餐露宿、粗茶淡饭，完全置个人利益于不顾，耗尽心血与体力，终于完成了治水大业，留下了"三过家门而不入"的佳话。

钱王射潮的传说流传于浙江杭州一带。宋人孙光宪在《北梦琐言》中写到，杭州连岁潮头直打罗刹石，吴越钱尚父（钱镠）俾张弓弩，候潮至，逆而射之，由是渐退。

古时候，钱塘江潮患连连，两岸堤坝总是这边修好了，那边又坍塌了，有"黄河日修一斗金，钱江日修一斗银"的说法。民间一致认为，潮患是潮神作怪。

唐朝末年，吴越王钱镠为了治水患，在八月十八日潮神生日那天，骑着白马跑在潮头前，率领万名精兵，万箭齐发，直击潮头。在那个年代，普通百姓都认为这是不可为之事，而钱王力大无比，勇猛果敢，认为即使不可为也要为之，否则潮神经常出来捣乱，百姓深受其害。最终，钱王在六和段把潮头遏制住，取得胜利。

神话传说，是现实生活的景深式反映，是民族精神的活化历史。无论是大禹治水，还是钱王射潮，其背后"以民为本"治水思想的文化价值与道德精神深深影响着后人的治水实践与社会发展。

隋朝开大运河后，杭州逐渐进入了京城的视野，来到了历史舞台中央。唐代宗、德宗之交，李泌受命为杭州刺史。为解决杭州城百姓饮水问题，李泌开凿六井，引西湖水入城，还建了石函桥、石函闸等水利工程，"井邑日富，百万生聚"，奠定了江南名城的基础。白居易在《钱塘湖石记》中夸奖李泌开凿六井，造福百姓。

明朝文人王稺登在《重修白公堤疏》中重现了白居易当年修筑白公堤的历历往事："若夫白公堤者，据采云之名里，实吴会之通逵。山郭近而轮鞅喧，水村深而帆樯集……"中唐时期，杭州刺史白居易一踏上杭州这片热土，就发现杭州的农田经常受到旱灾威胁，百姓有时颗粒无收，民不聊生。经过深入民间，访贫问苦，白居易发现官吏们不用西湖水灌田，原因是西湖淤塞，难以利用。于是，白居易力排众议，发动民工加高湖堤，修筑堤坝水闸，增加了湖水容量，既隔江水，又使沿湖农田受到灌溉。治理西湖期间，白居易设计建造了一条长堤。为了保护西湖，白居易规定，西湖的大小水闸、斗门在不灌溉农田时，要及时封闭；发现有漏水之处，要及时修补。白居易还亲自撰写了《钱塘湖石记》，将为治理西湖所拟定的策略、方法和需要特别注意的事项刻在石头上，立在西湖边，供后人参考。

一首白居易的《别州民》道出了白居易对杭州人民和西湖的深厚感情，也刻画了杭州父老乡亲对白居易这位好官的爱戴与难舍。

耆老遮归路，壶浆满别筵。

甘棠无一树，那得泪潸然。

税重多贫户，农饥足旱田。

唯留一湖水，与汝救凶年。

也许白居易未曾料想，当年"江州司马青衫湿"的雄心壮志和为民情怀，会被刻在这圣塘闸亭的《钱塘湖石记》上，随着西湖这潋滟波光名垂千古。

"葑合平湖久芜漫，人经丰岁尚凋疏"，苏轼来到杭州，发现西湖已经被水草吞噬，沼泽化日益严重，于是先后向朝廷上奏《杭州乞度牒开西湖状》和《申三省起请开湖六条状》，请求开浚西湖，修筑苏堤，成就了"苏堤春晓"的美景。一时间，"父老喜云集，箪壶无空携。三日饮不散，杀尽西村鸡"，欢庆不已。

从大禹治水、钱王射潮到李泌凿井供水、白居易治理西湖、苏轼筑苏堤，无数治水人物敢为人先、前赴后继，他们从求生存的本能自卫到除害兴利、保家卫国，体现了最纯朴的治水精神。

新中国成立后，党中央历代领导集体立足社会主义初级阶段基本国情，深刻把握人类社会发展规律，持续关注人与自然的关系，治水理念也有了更广泛的认同。浙江水利瞄准群众民生期盼，坚持以水定城、以水定地、以水定人、以水定产，浙江水利事业有了长足的进步。

> 一滩复一滩，
>
> 一滩高十丈。
>
> 三百六十滩，
>
> 新安在天上。

清代诗人黄景仁的《新安滩·一滩复一滩》描绘了以滩多水急著称的新安江坡陡、流急的磅礴气势，这也预示着新安江拥有丰富的水能资源。20世纪50年代，为满足长江三角洲地区特别是上海市工农业生产发展的电力需求，作为国家第一个五年计划的重点项目，建设新安江水电站得到了国务院批准。

但事实上，新中国成立后，百废待兴。新安江水电站兴建前，浙江省只建设过两个小型水电站，要建造一座规模不仅大大超过我国已建、在建的水电站，也超过了被誉为苏联水电站里程碑的第聂伯河水电站的大型水电站，中国人能否以自己的勘测、设计、施工、制造力量来完成这项任务？大家心里都没底。

1957年，29万名水库移民离开世代居住的故土，以年仅30岁的总工程师潘家铮为代表的上万名建设者从四面八方汇聚到建德，以"让高山低头，叫河水让路"的决心和毅力，奉献着自己的青春和热血。由于此前中苏关系恶化，苏联方面陆续撤走参与工程建设的专家，我国开始走上了自力更生建设水电站的道路。

没有风钻，工人们就挥动 18 磅（约 8 千克）榔头，将钢钎扎进岩石，打出一个个炮眼；没有挖土机、汽车，就用簸箕装渣，肩挑背扛装上山；没有公路，就发明了滚轮的方法运送设备……建设者们上下齐心、艰苦奋斗，终于用智慧和汗水见证了水电史上的奇迹，"三峡大坝试验田"终于迎来了华丽转身，撑起了华东电力半壁江山。据新安江水力发电厂副厂长杨斌介绍，从 1960 年开始发电至 2019 年，新安江水电站为浙江节约燃煤 3000 多万吨，减少二氧化碳排放 9000 万吨。

> 西子三千个，群山已失高；
>
> 峰峦成岛屿，平地卷波涛。
>
> 电量夺天日，降威绝旱涝；
>
> 更生凭自力，排灌利农郊。

郭沫若曾挥笔写下上面这首《参观新安江水电站》，高度评价了这个让中国人引以为傲的新安江水电站。在百废待兴的年代，第一座自己设计、自制设备、自行建造的大型水力发电站的横空出世，见证了新中国水电发展 50年的风雨历程，是我国现今所有高水位截流式宽缝重力坝的先导建筑，被称为"长江三峡水利枢纽的试验田"，不仅填补了华东能源缺口，更带给人们无尽的精神激励。

如今，富春江水电站、闲林水库、三堡排涝泵站，一座座水利工程如一条条巨龙逶迤向前，润泽民生。随着习近平"绿水青山就是金山银山"理念的提出，浙江迈出了治水促转型的改革步伐。

位于钱塘江、富春江、浦阳江三江交汇处的华家排灌站是践行"绿水青山就是金山银山"和"五水共治"理念的重大水利工程，针对钱江涌潮破坏力强的特点，闸站设置涌浪排气设施、外江侧盘头圆弧形外倾挡墙，有效降低了涌浪对闸站的直接冲击，提高了闸站抵御强涌潮的能力，保障了杭州国家高新区的水安全。

如今的钱塘江流域，山美、水美、景美，河水清漪，湖水清澈，溪水潺潺，再现了美丽的江南水乡景致。肆虐逞凶的钱塘江涌潮，成为人们赞不绝口的盛世奇景，灾害不断的钱塘江变成了可持续利用的国家水利遗产，流域人们化灾害为神奇，化灾难为福利，为杭州跨江发展创造了条件，杭州的发展由此从"西湖时代"迈向了"钱塘江时代"[①]，开启了经济腾飞、文化共富的崭新篇章。

从潮神信仰看"人水和谐"的历史启蒙

春秋时期，伍子胥多次劝谏吴王夫差杀勾践，却被奸臣陷害，抛尸江上。伍子胥死后，一腔冤魂化作汹涌潮水。吴越一带为了纪念伍子胥，开始祭祀潮神，后成为一种信仰。这也是唐代以来，钱塘江两岸最著名的潮神。

其实，在浙江一带，影响广泛的潮神还有很多，如北宋以来形成的张夏神，到明清以"张老相公"这一民间俗神形象盛行于钱塘江流域。旧时，萧山民众就有崇拜潮神的传统，东片的沙地区域，受潮水侵袭较为严重，民间老百姓在修塘筑坝的同时，渐渐形成水神崇拜的传统，与水神、潮神有关的寺庙建筑纷纷出现。如镇海楼、镇龙殿、靖江殿、白龙寺、张神殿等等，分布于航线必经的埠头、桥头、湾头、险滩之间，成为当地的一大特色。这些寺庙虽然名称不一，但祭祀的都是民间传颂的潮神张夏，有"沿塘十八庙，庙庙祀张神"之说。供奉张夏等水神的古寺遗存自西向东分布在东片沙地的海塘沿线，如新塘街道的江桥张神殿、衙前镇新林周村的三神庙（张夏行宫）、瓜沥镇的坎山张神殿、党湾镇的张神殿、靖江镇的靖江殿、南阳镇的镇海殿。

陈方舟曾在《钱塘江海塘的水神祭祀文化》一文中，选择钱塘江两岸（除浙东地区外）已纳入祭祀体系的国家水神崇拜建筑作为研究对象，分析寺庙从唐代到清代的时空分布规律，发现其分布规律与沿江各地的水利开发、治水重点区域变化基本一致。

---

① 张彧，王丽.寻根钱塘文化 求索浙人精神［J］.文化交流，2018（9）：9-11.

从唐代白居易祭浙江神，到元和十年（815 年）杭州海塘修筑之时将伍子胥封侯祭祀，再到吴越王钱镠祭拜天地神和潮神，人神祭祀出现在钱塘江海塘水神祭祀体系中，然而这一时期的人神多为前代战将名臣。待到北宋，朝廷首开给人神封王封号的制度，大批前代或已故修塘治水功臣、筑塘英雄经过册封，也相继纳入国家祀典，成为钱塘江海塘水神崇拜体系的组成部分。

春秋时齐国政治家管仲云："水者，何也？万物之本源也，诸生之宗室也。"水是生命之源，万物之基，是人类繁衍的基本条件，先民们对水的神秘力量充满了敬畏。无论是沿岸百姓自发的祭祀伍子胥和张老相公，还是官方从春秋时期越王勾践祭三江五湖、五代钱镠祈天射潮，再到康乾两代致力于修建规模宏大的海神庙，祭祀仪式折射出了人们崇拜水神的庄重感、神圣感，体现了人们对大自然的敬畏之情。潮神崇拜也成为一种民间文化，流传至今。

其实，对治水神祇的崇拜，不仅是一种宗教信仰，也是一种生活态度和价值观的体现。潮神形象，不仅广泛地应用在祭祀活动中，也融入了文学作品之中。不少诗人在钱塘江诗词中以潮神形象抒发个人心志。

中秋观潮，是大自然的馈赠。早在唐朝，刘禹锡就发出"八月涛声吼地来，头高数丈触山回"的感慨。到了北宋，大文豪苏轼以神来之笔写下《八月十五日看潮五绝》和《南歌子·八月十八日观潮》，极尽笔墨地描绘了钱塘江潮的激荡宏阔、汪洋澎湃。

南宋词人史达祖在《满江红·中秋夜潮》中写道：

万水归阴，故潮信、盈虚因月。偏只到、凉秋半破，斗成双绝。有物揩磨金镜净，何人拿攫银河决。想子胥、今夜见嫦娥，沉冤雪。

光直下，蛟龙穴。声直上，蟾蜍窟。对望中天地，洞然如刷。激气已能驱粉黛，举杯便可吞吴越。待明朝、说似与儿曹，心应折。

对于中秋夜潮的精彩描述，恐怕当推南宋词人史达祖了。这首词为宋宁宗开禧元年（1205 年）的中秋之夜，词人夜观钱塘江大潮有感而作。紧扣"月"和"潮"，词人眼观明月，耳听江潮，思绪如飞。遥想伍子胥因受奸人构陷而自刎江边，夜见嫦娥，终于沉冤昭雪。全篇风格沉郁顿挫、激昂慷慨，语句铿锵，意境深沉，运笔稳健，充满了激荡古今的豪气。

伍子胥的典故，众多文人引用。辛弃疾在《摸鱼儿·观潮上叶丞相》中感慨道："堪恨处，人道是、属镂怨愤终千古。"与辛弃疾不同的是，史达祖将着眼点落在"雪"字上。词人借伍子胥这一典故，表达了伍子胥那一片纯洁无垢的心迹沉冤昭雪，不仅为伍子胥一类忠君爱国而蒙受冤屈的豪杰平反，字里行间也表达了词人爱憎分明的立场。

史达祖继承了苏轼和辛弃疾的豪放词风。"声直上，蟾蜍窟"，词人借夜潮的浩荡气势，抒发了内心奔腾豪放之感，举杯便可吞吴越，充满了激荡古今的豪气，也是词人内心的观照。

以典入诗，是历代文人常用的表现手法。或品评历史，借古论今，或抒情言志，表明心迹，使得诗词意蕴丰富、简洁含蓄、庄重典雅。

明代田艺蘅在《浙江词》中用尽了潮神典故：

秋风卷入海门关，白浪高于黾赭山。直向富春祠下过，寒流常带月明还。海上天吴驾六鳌，祖龙鞭石不成桥。沙中铁箭三千尺，闻说钱王曾射潮。素车白马送潮来，伍子胥神起怒雷。几度尊前歌七发，千年枚乘有奇才……

全诗描绘了秋天的钱塘江潮汹涌澎湃，宏伟壮观。黾赭山是黾山与赭山的并称，位于浙江省杭州市萧山区东北方向，古时两山夹江对峙，现均处钱塘江南岸。诗中运用了许多与潮水有关的典故，意象宏达，用典奇特，从侧面描写出潮水的浩瀚磅礴，不说其大而让人能知其大，读来朗朗上口。

天吴是古代中国神话传说中的水神。据《山海经》记载，天吴人面虎身，这与吴人的狩猎生活密切相关。六鳌，神话中负载五仙山的六只大龟。"海上天吴驾六鳌"，化用了"六鳌海上驾山来"，形容潮水气势宏伟，像天吴驾着六鳌自天上而来。

祖龙，即中国古代神话传说中最古老的龙，后指秦始皇。相传，秦始皇见秦山距陆地太远，想在东海海上造一座石桥，去看日出的地方。当时有神仙帮助，驱石下海；石头走慢了，仙人就用鞭子抽打，石头都流出血来，至今还留有赤石。后用"鞭石成桥"表示帝业天成，神助其功。

诗人除了运用"天吴""祖龙"两大神仙的典故外，还运用了"钱王射潮"和伍子胥的典故，诗人面对钱塘江潮水的波澜壮阔，由"海上天吴驾六鳌"想到"祖龙鞭石不成桥"，又由"钱王射潮"想到"潮神伍子胥"，心情异常激动，多次放下酒杯唱起了西汉枚乘的《七发》直抒胸臆。

历来描写钱江潮的诗词，从西汉枚乘的《七发》到清吴伟业的《沁园春·观潮》，皆从钱江潮的汹涌澎湃和瑰丽壮观入手，清代诗人曹溶却一反常态，在《满江红·钱塘观潮》中以传说中钱塘潮为伍子胥的怒发为线索，运用比拟、夸张、铺排、设问、比喻等一系列修辞手法，形象描绘出钱塘潮的宏伟气势。

浪涌蓬莱，高飞撼、宋家宫阙。谁荡激，灵胥一怒，惹冠冲发。点点征帆都卸了，海门急鼓声初发。似万群、风马骤银鞍，争超越。

江妃笑，堆成雪；鲛人舞，圆如月。正危楼湍转，晚来愁绝。城上吴山遮不住，乱涛穿到严滩歇。是英雄、未死报仇心，秋时节。

全词用"怒"写起潮，以"笑"状涨潮，用"愁"绘退潮，更赋潮水以人格化，生动形象，可谓奇崛！

上下两阕承接自然，相互呼应。"似万群""堆成雪""圆如月"，诗人用夸张的手法，突出江潮的雄伟磅礴之势。钱塘浪起，汹涌澎湃直逼蓬莱，雄伟壮观之景跃然纸上。

诗以言志。曹溶并非为写钱江潮而创作此诗，他作为在明亡后出仕清廷的"两截人"，自有一段锥心刺骨的屈辱与苦衷。这种幽怒的情绪在平时或被隐藏得很深，但见波澜壮阔的钱江潮，诗人以此为镜，观照内心，忽然发现这一江潮水与自己有着太多的相似之处。

诗人从民间传说立意，"谁荡激"的诘问将豪气开阔的胸怀展现，矛头直指杀害伍子胥的吴王夫差。结句"是英雄、未死报仇心，秋时节"，以景结情，表达了诗人对英雄的敬畏及对坚韧不屈精神的赞颂。

文学作品，是文人主观情感与现实景物的有机融合。这一篇篇载有潮神的观潮诗作体现了那个时代的潮神信仰。其实，对水的崇拜是人类最早的自然崇拜之一。水崇拜是由水与生命、水与农作物生长紧密联系而产生的对水的神秘力量的崇拜。中国最早的文字甲骨文中就有记载殷人祭祀河神的卜辞。黄河的水神河伯、湘水的水神湘夫人等，与钱塘江的潮神一样，都是江河之神。

马克思、恩格斯在其《马克思恩格斯选集》中指出："一切宗教都不过是支配着人们日常生活的外部力量在人们头脑中的幻想的反映。"[①] 其实，人类对水的崇拜，从某种意义上来说，是把水人格化甚至神灵化，认为水不仅具有人性特点，而且具有神性特质。这种对水的崇拜，影响着整个民族心理。北宋张载在《正蒙·乾称篇》里提到"天人合一"的思想，表达了万物同处、和谐共生的思想观念。在漫长的岁月里，"天人合一"一直是中国传统文化中人与自然关系的理想境界。

潮神崇拜，从原始水神崇拜活动，到国家礼制文化的嬗变，体现了"人水和谐"的历史启蒙，为现在人水和谐的诗画浙江奠定了历史基础。回顾世界文明的发展史，文明常常因水而兴，因水而衰。从提出"对自然不能只讲索取不讲投入、只讲利用不讲建设"到认识到"人与自然和谐相处"，从"协调发展"到"可持续发展"，从"科学发展观"到"新发展理念"和坚持"绿色发展"，中华民族在5000年的治水用水过程中，形成了独特的人水价值观，强调人水和谐共生。

习近平总书记指出，我国建设社会主义现代化具有许多重要特征，其中之一就是我国现代化是人与自然和谐共生的现代化，要一手抓物质文明建设，一手抓生态文明建设，构建"人水和谐"的共生关系。党的二十大报告深刻阐述了人与自然和谐共生是中国式现代化的重要特征，为推动绿色发

---

① 中共中央马克思、恩格斯、列宁、斯大林著作编译局.马克思恩格斯选集（第3卷）[M].北京：人民出版社，2012：703.

展、促进人与自然和谐共生作出重大战略部署。

要想国泰民安、岁稔年丰，必须善于治水。新征程上，我们要始终坚持以人民为中心的发展思想，坚持以习近平生态文明思想为指引，牢固树立尊重自然、顺应自然、保护自然的理念，踔厉奋发、笃行不怠，治水兴水，绘就人水和谐的斑斓画卷。

从钱塘江诗路看"弄潮儿"形象的时代价值

钱塘江诗路最动容之处在于诗路背后的英雄主义情怀，或者说是"弄潮儿"精神。"弄潮"之风，在唐朝时兴起，宋以来，观潮之风盛行，水上竞技成为人们津津乐道的一大休闲活动。

碧山影里小红旗，侬是江南踏浪儿。拍手欲嘲山简醉，齐声争唱浪婆词。

西兴渡口帆初落，渔浦山头日未欹。侬欲送潮歌底曲？尊前还唱使君诗。

这是北宋词人苏轼在《瑞鹧鸪·观潮》中描写的弄潮儿形象。

宋代，随着钱塘江航运作用的扩大，钱塘江南岸成为文人咏潮的黄金地带，西兴、渔浦更是观潮的绝佳位置，舟行慢悠悠，酝诗在心头。此词为苏轼于宋神宗熙宁六年（1073 年）八月所作，写在安济亭上。全诗语言平实，亲切有味，用笔精练含蓄。

上片描绘了弄潮儿在万顷波中自由、活泼的形象。青山如黛，江影绰绰，一面面鲜艳的小红旗随着江潮的流动若隐若现，格外耀眼。忽然，镜头拉近，一位位身姿矫健的弄潮儿，手持红旗，争先恐后地踏浪而来，嘹亮的歌声引人注目，这与宋代词人潘阆的诗句"弄潮儿向涛头立，手把红旗旗不湿"中英勇无畏的弄潮儿形象不谋而合。

下片写钱塘江潮退，弄潮儿齐声合唱送潮曲，完美谢幕之景。渡口落帆，山头红日，夕阳西下，诗人以时间之推移，巧妙地暗示了弄潮儿水上表演时间之久，从侧面烘托了弄潮儿水上技术的娴熟。

南宋词人辛弃疾在《摸鱼儿·观潮上叶丞相》一词中也刻画了英勇无畏的弄潮儿形象。"望飞来、半空鸥鹭，须臾动地鼙鼓。截江组练驱山去，鏖战未收貔虎。"词人开篇直奔主题，运用鲜明的对比，渲染了潮来时惊天动地的气势，意境开阔，引人注目：潮水好似覆盖半个天空的白色鸥鹭般铺天盖地迎面飞奔而来，片刻之间便听到如擂动战鼓般地动山摇的波涛声，江潮又似万马奔腾，一股雷霆万钧之力，席卷而来，惊天动地，锐不可当。

在吞天沃日的钱江潮中，隐约可见一面面鲜艳的红旗稳稳地迎着浪潮，宛如锦鳞出水，鱼跃水面，踏着浪花起舞，自信满满地向大家讲述"碧山影里小红旗，侬是江南踏浪儿"！至此，钱塘江上搏击浪潮的壮观图景被描绘得惟妙惟肖，有声有色，使读者如闻其声，如见其形，颇有身临其境的感觉。

到了清代，弄潮儿形象依然是诗人吟咏的对象。如清代郑燮的《弄潮曲》：

> 钱塘小儿学弄潮，硬篙长楫捹复捎。
>
> 舵楼一人如铸铁，死灰面色睛不摇。
>
> 潮头如山挺船入，樯橹掀翻船竖立。
>
> 忽然灭没无影踪，缓缓浮波众船集。
>
> 潮平浪滑逐沙鸥，歌笑山青水碧流。
>
> 世人历险应如此，忍耐平夷在后兴。

全诗一波三折，动静结合，将弄潮的场面描写得惊心动魄、绘声绘色。

江上，钱塘小儿学着弄潮，手拿竹篙、长楫，一会儿按压，一会儿拂掠，甚是有趣。掌舵人如同铁铸一般纹丝不动、面无表情。篙手和舵手的一动一静，相称相宜。"忽然"一词渲染出潮的惊险，中间几句描写了弄潮的惊险场面。潮头如山一般倾倒，急速地冲向小船，将樯橹掀翻，小船在波涛汹涌中沉浮不定，渐而无影无踪。

正在众人心惊胆战之际，忽然潮头缓缓平和，江上沙鸥掠过，众多小船重新浮出了江面。众人欢声笑语，笑看青水碧流。"人生天地之间，如白驹过隙，忽然而已。"诗人借弄潮抒发感慨，人生又何尝不似弄潮一般一波三折，沉浮不断？人生如弄潮。诗人由此想到了人生的坎坷与险恶，唯有像弄潮儿一般有着处事不惊的定力，才能渡过险关，迎来成功。全诗赞颂了弄潮般坚韧的战斗精神和处事不惊的人生态度。

到了近代，弄潮儿形象并非只能在诗词中赏玩品鉴了。钱塘江口滩涂地区，曾经有过一种堪称与死神对舞的危险营生——"抢潮头鱼"。抢潮头鱼是沙地人的谋生手段，也是保留至今的风俗，成为另一种弄潮儿的代表。

抢潮头鱼的日子一年四季都有，一般每个月两周，以八月十八日前后两周的潮水为最大。当江面上的一条白线由远及近奔涌而来，化成跟前呼啸的潮水时，沙滩上的人大都先后上了岸，唯独弄潮人扛着潮兜跃入潮中，随潮奔跑。雪山似的潮头汹涌而来，雷声震耳，岸上的人们正在为他们提心吊胆。

这时，一个潮头裹挟着泥沙和鱼虾翻滚而来，弄潮人上身赤裸，穿着裤衩，背着鱼篓，拿着一根长约 5 尺（1 尺约为 0.33 米）、系着 2 尺深潮兜的竹竿，大踏步赶在潮头前面快速奔跑，一边跑着，一边频频回头死死地盯着潮水。当发现浊浪中的银光，弄潮人立马敏捷地转身跃入潮中，快速地用潮兜用力一捞，将鱼撂上肩头，又马上随着潮面跑，大概跑两三里（1 里为 500米）路，直到跑出潮头上岸。

面对即将氽潮，弄潮人往往会选择将潮兜柄插到屁股底下当马骑，面朝潮水奔腾的方向，两脚伸直往上翘起，人稍稍往后仰，好像一个"V"字，双手紧紧地捏住潮兜柄把握方向。这时候，方向对弄潮人来说显得极其重要，因为稍有不慎，就会被潮水冲翻。

用"虎口夺食"形容抢潮头鱼一点也不过分。潮头鱼不是人人都能抢的，也不是人人都敢抢的，因为风险太高，一不小心就会被潮水卷进去，每平方米 7 吨左右的冲击力足以把人打得晕头转向、葬身浪潮。抢潮头鱼作为一项技术活，不仅要求弄潮人身体强健、机敏勇敢，而且对抢鱼者的水性和技巧也有很高要求。如需熟知潮性，一日两潮，需选择小潮汛的几天抢鱼，还要善于观察江水深浅，水深则潮大，水浅则潮小；需选择平缓、开阔的地方，以便于逃生；此外，即使寒冬腊月，上身也得脱光，裸出一只臂膀，把棉衣、线衫的袖子在胸前打成结，为的就是没有负担，勇往直前。

如今，随着生活条件的改善，抢潮头鱼的人越来越少，"抢潮头鱼"或将成为历史，但"弄潮儿"的形象和精神早已成为一代代人传颂的佳话。与潮水相搏体现了一种气魄、一种大无畏的气概，也体现了一种开拓创新的精神。在明知不可为的水面上，开拓出一条勇往直前的道路，是浙江人开拓创新精神的写照。当高高翘起的潮头即将追上弄潮人时，抓住时机与潮争鱼，合理选择奔跑方向，体现的是浙江人的决断力；在潮水涌来时，临危不惧，寻找机会逃脱，体现的是浙江人的灵活与智慧。

习近平总书记多次在讲话中提到"弄潮儿"。2016 年 G20 杭州峰会开幕式上，习近平主席引用"弄潮儿向涛头立"，表达对各国勇做世界经济弄潮儿的期待。2017 年，习近平总书记在党的十九大报告中希望青年一代"坚定理想信念，志存高远，脚踏实地，勇做时代的弄潮儿"。2020 年，习近平总书记在陕西考察时提出要有"勇立潮头、争当时代弄潮儿的志向和气魄"。

"勇立潮头"的前提是"敢于弄潮"，在千百年治江治水的历程中，浙江人形成了逆水而上的不屈斗志，也培育了顺势而为的创业智慧。在发展的坎坷中，正是这份斗志和智慧，让浙江越过了一道道坎，爬过了一个个坡，保持了持续稳健的发展势头。立足回望，一帧帧历史画面中，无数个弄潮儿敢为人先、奔竞不息、勇立潮头，将昔日贫困落后的浙江，打造成今日一片繁华的新天地。

第三节　人水情缘话传承

水文化丰富的精神内涵与文化底蕴，深深地影响着人们的思想与行为，推动着时代的发展。作为缘水而居、依水而生、伴水而长的浙江人，如何处理好人水情缘关系，构建人水和谐的水文化图腾，传承和发展好水文化、水精神，是我们亟须研究的课题。

钱塘江诗词中的人水情缘

水是生命之源、生产之要、生态之基。人类为了生存必须利用好水资源，这是一个亘古的定律。但是，人类与水的关系并非一种简单的利用与被利用的关系，而是一种复杂的文化关系。这种关系呈现在钱塘江诗词中，表现为对山水风景的向往、对个人情感的抒发。

西湖，是众多诗人歌咏的对象。北宋词人苏轼在《饮湖上初晴后雨二首·其二》中写道：

> 水光潋滟晴方好，山色空蒙雨亦奇。
>
> 欲把西湖比西子，淡妆浓抹总相宜。

唐以前的文献中并没有出现"西湖"这一名称，只有"钱塘"。纵观《全唐诗》，唐诗中提到杭州西湖的并不多，真正让西湖闻名遐迩是在宋代。[①] 熙宁四年（1071年），诗人苏轼因上书谈论新法的弊病，得罪了王安石，便请求外调，来到杭州做通判。通判是中国古代的官名之一，多指州府的长官，掌管粮运、家田、水利和诉讼等事项，大概类似于现在的杭州市市长。

在任杭州通判的几年里，苏轼带人治理西湖，制定了西湖管理条约，专设一个名叫"开湖司"的管理机构。西湖经过整治，竟成为仙境，重现了原先烟水渺渺、绿波盈盈的秀丽风光。面对焕然一新的西湖，苏轼真是观之不足，爱之有余。每当政事稍有余闲，他便不论晴雨，定要到西湖中游览，见山水风光变幻不测，晴有晴的风景，雨有雨的妙处，因喜而题作此诗。

全诗将西湖的水光山色、晴姿雨态描摹得出神入化，"晴方好""雨亦奇"的赞叹显示出诗人超脱、开阔的胸襟。晴朗的天，碧波荡漾，湖水旖旎轻柔，水天一色，柳绿花红，这是妖娆的西湖；远处，青山带紫，凝住了晚霞，仿佛蒙着一层神秘而朦胧的面纱，亭亭玉立，苍翠欲滴，这是婉约的西湖；烟雨蒙蒙，如梦似幻，如刚出浴的美人，羞答答地蒙着一层轻纱，柔美而丰韵，这是娇羞的西湖。

妖娆、婉约、娇羞，西湖的美，尽在苏轼笔下，"欲把西湖比西子，淡妆浓抹总相宜"。诗人以西施之美比喻西湖之美，可谓神来之笔，更显诗思的空灵，达到"以少总多，情貌无遗"的艺术效果。

南宋"中兴四大诗人"之一的杨万里，在《晓出净慈寺送林子方二首·其二》中，描绘了西湖六月绝美的风光：

> 毕竟西湖六月中，风光不与四时同。
>
> 接天莲叶无穷碧，映日荷花别样红。

此组诗当作于宋孝宗淳熙十四年（1187年），此时杨万里的好友林子方赴福州任职，杨万里清晨从杭州西湖附近的净慈寺送别林子方，经过西湖，望着那亭亭玉立的荷花，在阳光辉映下，显得格外鲜艳娇红，心生感慨，由

---

① 朱海风，史月梅，张艳斌.水与文学艺术［M］.北京：中国水利水电出版社，2015：6.

此作诗相送。

诗的开篇开门见山地指出六月的西湖与其他时节的不同,"毕竟"二字,以肯定的语气突显六月西湖风光的独美。紧跟着,"碧""红"一连串颜色的修饰,描绘了一幅独特的夏日荷风图:一片片荷叶俏皮地冒出水面,含笑而立,一片挨着一片,一粒粒水珠在宛如心形的嫩叶上嬉戏滚动。亭亭玉立的荷花,像一个个披着轻纱在水中沐浴的仙女,含笑伫立,娇羞欲语,迷人的水韵,醉人的荷香,形成了夏日里一道亮丽独特的风景线。

全诗运用白描的手法,虚实相生,刚柔并济,诗中有画,画中有诗,达到了万物相融合一的境界。多少年来,在西湖荷花盛开时节,人们都会随口吟诵杨万里的《晓出净慈寺送林子方》,而"接天莲叶无穷碧,映日荷花别样红"也成为传诵千古的名句。

在人与水的关系中,浙江人重视和谐共处,先民们很早就认识到水能陶冶情操、教化润心,水的自然美和内在精神能够给人以精神的愉悦和智慧的启迪。钱塘江诗路中,文人们常常将个人情志融入滔滔江潮中。

唐代诗人温庭筠在《钱塘曲》中抒发了对钱塘迷人景色的不胜依恋之情。

> 钱塘岸上春如织,淼淼寒潮带晴色。
>
> 淮南游客马连嘶,碧草迷人归不得。
>
> 风飘客意如吹烟,纤指殷勤伤雁弦。
>
> 一曲堂堂红烛筵,长鲸泻酒如飞泉。

全诗以刚柔并济的写法,一个"寒"字和一个"伤"字,奠定了全诗的基调,一股淡淡的愁绪,似浩渺的烟波弥漫在心间。

诗的开篇描绘了一幅钱塘春景图。"春如织""淼淼""碧草迷人",诗人用凝练的笔墨,勾画出了春日钱塘江畔江涛拍岸、烟雾蒙蒙、燕啄春泥、乱花迷眼的动人景色。

诗人以淮南游客自称,面对滔滔江水感慨万分。温庭筠出身没落贵族家庭,文思敏捷,天赋过人,然而恃才不羁,纵酒放浪,又好讥讽权贵,多犯忌讳,屡试不第,一生坎坷。

仕途的坎坷，人生的不幸，叠加在离愁别绪之中，如一股巨浪在心中汹涌。"长鲸"一词，与"泻酒如飞泉"相得益彰，更是勾勒出了一幅红烛豪饮图。不难想象，诗人将满腔的愁绪化作杯中的浊酒，寄情于这一江山水中，诗人的豪放与内心的伤感由此展现得淋漓尽致。

桐庐县，以富春江的秀丽景色和高士严子陵钓隐于此而闻名。晚唐"花间派"词人韦庄得知扬州战事吃紧，江南局势不稳，南下经富春桐庐县时创作了《桐庐县作》：

> 钱塘江尽到桐庐，水碧山青画不如。
>
> 白羽鸟飞严子濑，绿蓑人钓季鹰鱼。
>
> 潭心倒影时开合，谷口闲云自卷舒。
>
> 此境只应词客爱，投文空吊木玄虚。

全诗以清俊疏淡、显豁秀雅取胜，描绘了桐庐一带的山水胜概，明丽的景物中透露着闲适自由的情调。有人说，韦庄的词像一曲清丽婉转、充满生命力与感情的"弦上黄莺语"，隽永、沉挚，颇有飘忽淡雅的自由浪漫的诗风。

诗人开篇入题，运用白描的手法描绘了一幅江南山水画，青山绿水、白鹭盘旋、渔人垂钓，整幅画面有远有近、有高有低、有虚有实，字浅意深，境界高远。"季鹰鱼"之典故，表现了严子陵隐居不仕、闲适安居之地鸟翻飞、人垂钓的怡人画面。全诗诗风清丽，层层摹写，反映出诗人对自然风光的无限热爱及对闲适静谧生活的向往。

到了北宋，苏轼任杭州通判，赴钱塘江看潮，面对如万马奔腾的滔滔江水，诗人有感而发创作《八月十五日看潮五绝》：

其二

万人鼓噪慑吴侬，犹似浮江老阿童。

欲识潮头高几许，越山浑在浪花中。

其五

江神河伯两醯鸡，海若东来气吐霓。

安得夫差水犀手，三千强弩射潮低。

全诗虚实结合，淋漓恣肆，不落窠臼，描绘了一幅"潮头如万马奔腾，山飞云走，撼人心目"的雄丽图景。诗的开篇，未见其形，先闻其声。诗人连用"万人鼓噪""浮江老阿童"两个比喻，描绘潮来的威势，怒潮铺天盖地地呼啸而来，潮头似卷越山而去，白浪滔天，怒潮如箭，潮头奔涌，洪大的声响，有如万人鼓噪，摄人心魄，诗的境界也如同图画一样展现在读者眼前。

乘兴观潮，原本是为纵览海潮的壮观而来，然潮去潮来，起落不定，诗人由此心生感慨：沧海横流，自己由京城往外调任，年华已逝，人世悠悠。诗人极尽笔墨地描绘钱塘江潮的壮观无比，以江河水的渺小，衬托海潮的雄伟威势，在虚实结合中荡开人们气吞山河的想象。

苏轼不愧是苏轼，其豪放的诗风闪耀在他讲述的每一个故事里。"万人鼓噪慑吴侬"，"安得夫差水犀手，三千强弩射潮低"，诗人善用典故，信手拈来。"水犀手"的故事，出自《国语·越语》。吴王夫差手下穿着水犀皮做成的铠甲的武士有三千人左右，两军交战，因装备悬殊，最终战胜了越国，吴王夫差成为一时的霸主。钱王射潮的故事，出自孙光宪《北梦琐言》。相传，吴越王钱镠，在建筑捍海塘的时候，为汹涌的怒潮所阻，于是钱王下令，锻造三千劲箭，猛射潮头，致使潮水退却，海塘建成。

传说始终是传说，苏轼引经据典，却别有用意。诗人把夫差水犀军和钱王射潮两件事融为一体，借瑰丽神奇的传说，阐明了"人定胜天"的道理，也抒发了自己为民造福的宏图大志。

苏轼被贬杭州，却一直以苍生社稷为重，重视兴修水利，疏浚西湖，修筑苏堤。如今，"淡妆浓抹总相宜"的西湖美景，迎来了每年上百万的游客，造就了经济繁荣、文化昌盛的人间天堂。而苏轼不仅是家喻户晓的文学大家，也成为万人敬仰的治水名人。

古人以水喻性，是取水性之淡然无求的高贵品格，且不因外物变化而易其清浊，因此观水能化解心中郁结。南宋爱国诗人陆游的《观潮》，将涌潮和个人爱国心志完美结合。

> 江平无风面如镜，日午楼船帆影正。
>
> 忽看千尺涌涛头，颇动老子乘桴兴。
>
> 涛头汹汹雷山倾，江流却作镜面平。
>
> 向来壮观虽一快，不如帆映青山行。
>
> 嗟余往来不知数，惯见买符官发渡。
>
> 云根小筑幸可归，勿为浮名老行路。

全诗笔力清壮顿挫，结构波澜迭起，气势奔放，境界壮阔。

陆游出生于两宋之交，成长在偏安的南宋，民族的矛盾、国家的不幸、家庭的流离，给他的心灵带来了不可磨灭的印记。早年的陆游因受秦桧排斥而仕途不畅，心中苦闷无处诉说，于是诗人漫游于钱塘江畔，将功名利禄抛之脑后，将身心放浪于山水天地之间，与天地宇宙融为一体。

钱塘江水，从一平如镜，到波涛汹涌，再到万马奔腾，诗人运用了比喻、夸张、对比的手法，将江面比作镜子，千尺浪潮恰似雷山，急速而来，与平静的江流一动一静，形成了鲜明的对比，细致地描绘出了钱塘江潮的壮观景象。

也许陆游并未想过曾经的雄心壮志却因"嘲咏风月"而无处安放。诗中巧用典故，"颇动老子乘桴兴"中的"老子"是诗人自称。诗人用"汹汹雷山倾"的涛头比喻宦海沉浮的官场，将自己的内心比作一平如镜的江流。任由宦海如何波涛汹涌，诗人依旧心如止水。诗人将现实中无法实现的壮志豪情都寄托在山水之中，借"乘桴"流露出退隐之意，"勿为浮名老行路"，一吐胸中的壮怀英气。

时光悠悠，让我们来到元朝。作为宋太祖十一世孙的赵孟頫，因程钜夫引荐，受元帝器重，受命于元，但他内心一直愧疚难消。

元仁宗延祐六年（1319年），赵孟頫南归，泛舟钱塘江上，面对滔滔江水，潮起潮落，俯仰天地，见山高水长，鸟飞长空，顿时心生感触，写下了《虞美人·浙江舟中作》：

潮生潮落何时了？断送行人老。消沉万古意无穷，尽在长空澹澹鸟飞中。

海门几点青山小，望极烟波渺。何当驾我以长风，便欲乘槎浮到日华东。

上片，"潮生潮落"，与宇宙的浩瀚、时间的无垠、生命的流动无比相似。人生又何尝不是潮起潮落呢？江河的万古不息，又恰似人生的无垠！

"潮生潮落，长空澹澹"，时间上的无限与空间上的无限遥相呼应，由此词人感慨：人不过是宇宙的过客，人生何其短暂！词人化用杜牧《登乐游原》中的"长空澹澹孤鸟没，万古销沉向此中"，荡开一笔，奠定了全词对人世沧桑深沉感慨的基调，别有深意。

下片，词人将丰富的想象和鲜明的对比用到极致，辽阔的钱塘江入海口，烟波浩渺，作为点缀陪衬的青山不过是几点，小舟更不过一粒，何其渺小，呼应了上片"人不过是宇宙的过客，人生何其短暂"之意。词人希望于烟波浩渺之外寻求人生的解脱。由此，词人突然心生向往：若能乘风而上，奔向可望而不可即的仙界，那该有多好！

元朝的另一位诗人吴师道，为我们描摹了一幅气吞山河的《春雨晚潮图》：

> 昔年曾看钱塘潮，龙山山下乘春涛。
> 中流回首洲渚变，孤塔不动青崖高。
> 云昏水暗雨阵黑，雪喷电转潮头白。
> 浙江亭远乱帆飞，西兴渡暝千花湿。
> 空江茫茫魂欲断，归来十年惊复见。
> 浩荡东风满画图，淋漓海气飞人面。
> 春深故国芳草生，鸱夷遗恨何时平。
> 重游吊古惜未得，掩卷歌罢空含情。

吴师道为官多年后，由北往南回到故乡浙江，在一个春雨飒飒的傍晚，站在钱塘江边再观钱江潮景，回忆起自己早年在龙山下观望钱江潮的场景，往事历历在目。

望江怀古伤己，这是山水诗中常见的题材之一。诗人对着滔滔江水，抚今追昔，思绪万千。而今，钱塘江两边的洲渚或多或少都发生了变化，两岸的山崖上树木更加茂盛青绿，只有山上的孤塔依然未变。诗人描写了钱江潮云昏水暗的画面。电闪雷鸣，潮水磅礴，连远处浙江亭边上的那些帆船都被吹动了，西兴渡口的那些花草都被打湿了。整个钱塘江江面浩大空蒙，这是诗人十年来未曾见到的。

浙江是诗人的故乡，临安（今杭州）是南宋都城所在地。望着故国茂盛的花草，诗人感慨时光流逝，岁月更迭，用"鸱夷"的典故直抒胸臆。"鸱夷"，讲的是伍子胥和范蠡的故事。伍子胥作为功臣却被杀害，遗恨越甲吞吴，这和诗人作为南宋遗民却在元朝任官相似。诗人犹未知此恨何时能平，只能故国重游，江畔独步，吊古怀今，读来颇为凝重。

纵观以水为题、以潮为景的缤纷诗作，诗人经历了山水比德、山水移情、物我同化等阶段，达到了万象灵通、精神同化的境界，这也是人水和谐的一大表征。

钱塘江水文化的艺术精神

艺术是精神的生命贯注到物质界中，从而使物质精神化、生命化。钱塘江水文化历史悠久，有独特的美学特征，凝聚了自然之灵气，是美的创造，是心灵的艺术，也是精神的传承。

如果把文化定义为人类在社会历史发展过程中所创造的物质财富和精神财富的总和，那么钱塘江水文化的含义非常丰富。当代著名学者李杰认为，钱塘江水文化是指钱塘江流域人民创造的与水有关的物质形态和全部精神成果，它包括物质层面的生产工具、特色建筑、特色工程，制度习规层面的风土人情、传统习俗，以及精神层面的宗教信仰、文学艺术、思维方式、价值观念、审美情趣、精神符号等等。①

通常认为，艺术是人类以情感和想象为特性的文化创造，是事物内在规律和本质的反映，是情感交流与语言表达，是生命中的一种审美表现。宗白华在《美学散步》中写道："一切美的光来自心灵的源泉：没有心灵的映射，是无所谓美的。"②

艺术审美作为一种价值取向或价值实现活动是积极向上的，是对美的观察、感知、判断、理解、想象乃至共鸣，其内涵是领会事物或艺术品的内在美。③从这个角度讲，钱塘江水文化主要指人类思想作用于钱塘江水物质所产生的文化，包括文学艺术、审美情趣、风俗人情等等。

钱塘江水文化作为一种逐步积淀起来的物质和精神财富，有其独特的审美价值。④用文化的眼光看，钱塘江是一种历史、一种情怀。钱塘江两岸人文荟萃，文化历史积淀深厚，传承着祖祖辈辈流传至今的爱乡护乡精神和中华民族的优秀文化内核。用艺术的眼光看，钱塘江是一种精神，一种价值观。如果说"滴水穿石"称赞的是坚持不懈的精神，"静水流深"赞美的是高水平和大智慧，那么我们可以通过艺术想象还原钱江潮的活动轨迹，探究钱塘江的精神内核。

钱塘江文化研究专家胡坚曾以想象入画：从钱塘江源头开化的一滴水珠汇流而下，千回万转流淌绵延近5.6万平方公里，最终形成了钱江潮涌。从一滴水珠到万马奔腾的钱江潮，体现的是母亲河钱塘江包容万象、奔腾不息、百折不挠的精神力量。

在钱塘江母亲河的哺育下，在爱乡、护乡情结的驱动下，无数浙江儿女在认识水、利用水、治理水、鉴赏水的过程中传承了一种特有的精神和价值，推动形成了浙江特色的钱塘江水文化，并随着浙江经济社会发展不断融

---

① 金丹丹.一种历史，一种情怀，一种精神——专家谈"钱塘江文化"[J].文化交流，2018（9）：12-15.
② 宗白华.美学散步[M].上海：上海人民出版社，1981：136.
③ 丁萍.审美艺术的敬畏伦理思考[J].山东女子学院学报，2013（5）：94-96.
④ 陈静.钱塘江水文化艺术精神初探[J].浙江水利水电学院学报，2022，34（2）：8-11.

入新的内涵和价值。

文化与艺术从来都是相互交融，相生相随的。以钱塘江水为题材的文学艺术作品，是反映钱塘江水文化的文学艺术形式，是钱塘江水文化艺术精神的有效载体，既表现人的思想和情感，又表现社会的价值观和时代精神。

孔子云"智者乐水"。钱塘江水流动、活跃、汹涌、澎湃的特质与作家的精神世界有着天然的契合。早在两千多年前，庄子在《南华经》中就对钱江潮做了"吞天沃日"的大胆描绘。此后钱塘江潮波涛汹涌、巨浪排空的壮阔气势掀起了人们的观潮之风。孟浩然、白居易、刘禹锡、范仲淹、潘阆、苏轼、辛弃疾、陆游等都有观潮作品传世。

"诗以言志"，诗人通过艺术体味人生，成就至高的哲学智慧，艺术精神和审美态度成为哲学精神的重要组成部分。[①] 刘禹锡诗云"八月涛声吼地来，头高数丈触山回。须臾却入海门去，卷起沙堆似雪堆"，李白诗云"海神东过恶风回，浪打天门石壁开。浙江八月何如此，涛如连山喷雪来"，潮水激荡宏阔之势是诗人豪迈气质的生动写照。赵嘏的"一千里色中秋月，十万军声半夜潮"和罗隐诗句"怒声汹汹势悠悠，罗刹江边地欲浮"，表现潮水如奔腾的千军万马席卷而来。诗人赋予江水活泼的生命，借迷离壮观的艺术氛围展现深邃美丽的艺术世界。

傅抱石先生曾说过："一切艺术的真正要素乃在于生命。"[②] 潘阆的《酒泉子·长忆观潮》和辛弃疾的《摸鱼儿·观潮上叶丞相》很好地展现了生命力和艺术精神。潘阆诗句"弄潮儿向涛头立，手把红旗旗不湿"和辛弃疾的"吴儿不怕蛟龙怒，风波平步，看红旆惊飞"，都不约而同地刻画了"弄潮儿"迎风搏浪、英勇无畏的鲜明形象。

诗贵意境，"弄潮儿"这一意象不仅反映了诗人的心怀情志，也在读者心中产生了共鸣。钱塘江水"高洁、大气、豪迈、英勇"的美学含义映衬了诗人的生活情趣和人生哲理，形成了"流淌的智慧、气质和创造力"。唐朝李益

---

① 周小平.中国画的文化精神探析[J].淮南师范学院学报，2005（2）：58-60.
② 朱良志.中国艺术的生命精神[M].合肥：安徽教育出版社，1995：8.

《江南曲》中"嫁得瞿塘贾，朝朝误妾期。早知潮有信，嫁与弄潮儿"描写了妇人对"弄潮儿"的赞扬与肯定。可见，"弄潮儿"形象早已深入人心。

文学创作是作家的内心反映，而文学欣赏是大众的精神活动，是一种人文教育和审美熏陶。钱塘江水的美学意义不仅是江水本身的自然之美，更是艺术家的精神审美、读者的审美愉悦以及精神共鸣。从审美角度审视钱塘江水的浩瀚博大，汪洋澎湃的姿态象征着伟大崇高的境界，这与千百年来人们的生活状态息息相关。

钱塘江两岸人们临水而居，与水朝夕相处形成了水一样的性格：纯洁、善良、乐观、开朗，像水一样有韧性、灵性、毅力、魄力。而诗词歌赋，从某种意义而言，是人们千百年来传承的宏大精神、气魄和胸怀的形象写照。

钱塘江文化专家徐吉军认为，钱塘江文化的内核是"弄潮儿"精神，是浙江精神、浙江价值观的象征[1]，这其实也是钱塘江水活泼灵动的生命形态与钱塘江诗词艺术生命精神的有机统一。近年来，不少学者主张将钱塘江诗词融入城市发展脉络，打造一条独具美学特色的钱塘江诗词之路，以传承发扬钱塘江水文化艺术精神。

古往今来，描绘"钱塘江水"的绘画作品不计其数，如赵令穰的《柳亭行旅图》、李嵩的《月夜看潮图》《钱塘观潮图》、夏圭的《溪山清远图》《山水图》、佚名的《钱塘秋潮图》等等。其中最有名的当数"中国十大传世名画"《富春山居图》。该画以淡雅的笔墨、高远的意境再现了富春江两岸的秀美风光。浩渺连绵的山水、超然物外的垂钓，清新雅致、意境高远。富春江以美的形态呈现了"物我合一"与内外相通，令画家默识而融风景于心中，由此诞生了令世人叹服的传奇之作。

在这里，我们先要说说绘画艺术与钱塘山水的契合性。大家都知道"生"为万物之性。艺术作为宇宙生命的最形象最生动的表现形式，理所当然要将生命作为艺术表现的最高目标。[2] 因此，中国艺术所表现的一切对象都要求

---

① 金丹丹.一种历史，一种情怀，一种精神——专家谈"钱塘江文化"[J].文化交流，2018（9）：12–15.
② 朱良志.中国艺术的生命精神[M].合肥：安徽教育出版社，1995：8.

活泼，拒绝一切僵死之态。我们可以发现，将钱塘山水作为创作背景的中国绘画亦是如此。画家通过具体山水面貌将性、情呈现出来，要表达自己的情意必先描绘山水本身。

而钱塘山水，江水的循环往复与宇宙的浩瀚、时间的无垠、生命的流动有着无比相似的特点，这与中国画将表现生命作为绘画之最高纲领有着高度的契合。譬如《富春山居图》，欣赏这件艺术珍品，画家黄公望浓淡相宜的水墨、淡逸雅洁的画风、超凡脱俗的审美与富春江灵秀的风景相得益彰。通过烟润境界表现出蓬勃的生命感，生命意识在画境中体现得淋漓尽致，透露出一种"物我合一"[①]的淡泊、高雅、平和与包容。

艺术是人类创造的"第二现实"。"物化"心态作为一种哲学和艺术境界，很早就被艺术家移到艺术审美中来。而艺术作品超越了物景本身的空间限定性，是艺术家审美精神的内在灵魂，其审美形象成为一种文化广泛传播。绘画艺术创作以审美的方式表现作者的立场观点、思想情感和审美情趣，在一代代画家的情趣寄寓下展示了一个时代的文化意识和文化价值。

有学者研究黄公望的《富春山居图》，认为骆宾王、李白、苏东坡等一代代文人都曾到过富春江，因此黄公望画这幅画的时候，其实是把一代代的文人故事全部画了出来。[②]画家描绘的山光水色，实质上是人们对社会生活的一种独特的艺术反映，是社会生活的一个侧面。黄公望的画作代表了文人的心声，也是那个时代文化精神的生动写照。

因此，无论是收藏于台北故宫博物院的《柳亭行旅图》《月夜看潮图》，还是收藏于北京故宫博物院的《钱塘观潮图》，抑或是辗转于台北与浙江间的《富春山居图》，一幅幅以钱塘山水为创作背景的山水画作，都是以水为题的一个社会乃至一个时代的缩影。这是历史的画卷，更是精神的传承，体现了淡泊、高雅、平和、包容的艺术精神。

---

① 刘海燕.浅谈《富春山居图》的艺术精神[J].美术教育研究，2011（5）：30-31.
② 蒋勋.《富春山居图》与中国文人精神[N].解放日报，2017-05-19.

文化是艺术的文化，艺术是文化的艺术①，两者在相互交融中形成了文化特有的艺术精神。无论是诗词歌赋，还是绘画创作，或许我们很难一一剥离并对应艺术作品的精神外衣与内在气质，但是当我们走进钱塘江水文化的艺术语境时，从审美角度观察水、了解水，所有艺术作品往往借用水的意象反映心理状态、情感色彩，将思维观念、价值态度通过水的特性及其运动规律呈现出来，并似钱塘江涌潮一般，以蓬勃有力的强大正能量推动着社会向前发展。

就像优美和崇高，作为美学的两个重要范畴，既相辅相成又相对独立。如果说优美的形态是柔媚、温婉、和谐，那么崇高体现的是气势、力量、人格。大自然中温柔与刚强双重特性兼具的钱塘江水，既有优美的形态，又有崇高的内涵。此时的钱塘江水已不是自然之水，而早已上升为文化之水、哲学之水、精神之水了。她是形而上的精神之源，拥有润物无声的情怀、上善若水的豁达、海纳百川的包容、滴水穿石的毅力、静水深流的智慧和弄潮儿勇立潮头的责任与担当。

从哲学辩证思维审视钱塘江水文化，我们可以发现，人们涉水活动的价值取向和行为方式促进了钱塘江水文化的形成。而钱塘江水文化一旦形成，便蕴含了自己独特的价值体系和规范标准，反过来又对人们涉水活动的价值取向和行为方式产生了导向作用，由此不断丰富着钱塘江水文化的内涵与外延。

钱塘江文化专家胡坚认为，文化是社会发展的重要推动力，精神则是文化的核心能量。在新的时代下，钱塘江水文化早已被赋予了新的时代内涵和精神价值。其是人们在驯服水、治理水、认识水、观赏水、亲近水的审美情趣及实践活动中形成的世界观、人生观、价值观、道德观等崇高意识的反映；其承载着浙江文化的基因、社会价值观和民族性格，蕴藏着浙江人对生存的理解②、对生活的向往和对未来的追求，是浙江文化的核心力量，是推动浙江经济社会发展的精神动力。

---

① 陈晓锐.论艺术创新[J].艺术研究，2013（2）：150-151.
② 刘佳佳.钱塘江文化价值传播之思考[J].杭州（党政刊B），2017（7）：27-28.

透过艺术表象，新时代钱塘江水文化具有深厚的内涵和广阔的外延，其折射出来的艺术精神实乃智慧、大气、包容、开放、仁义、坚毅、勇敢的"弄潮儿勇立潮头"的新时代水文化精神。

构建人水和谐的文化图腾

马克思在关于文化遗产的经典论述中指出，文化遗产是一种既得的生产力，人类历史的发展之所以是连续不断的，这主要是因为推动社会发展的生产力具有历史的继承关系，文化遗产的传承与发展推动生产力的持续进步。

水文化遗产，是中华民族五千年的文明发展进程中，人们在除水害、兴水利的人水关系实践中产生的物质财富和精神财富的总和，是一定经济社会关系的产物，是人类治水文明的深刻体现，也是中华民族的文化瑰宝。

钱塘江唐诗之路治水历史悠久，自 2018 年浙江省两会政府工作报告提出以来，一直是我省重点打造的项目。其水文化遗产以杭州段最为丰富，凝聚了江南水乡独特的气质与灵魂，见证着浙江人民治水智慧和治水精神，是江河演变和区域文化的历史呈现，具有较高的历史、经济、文化价值。

钱塘江唐诗之路杭州段水文化遗产资源类型丰富，沿线有历史时期为开发利用水资源、防治水旱灾害而修建的新安江水电站；有为开发利用水资源、防治水旱灾害构筑的水工建筑物，如堰、坝、堤、闸、井、码头、渡口；有通过水利工程措施而形成的人工水道、池塘、湖泊；有具有管理、祭祀、纪念、纪事等功能的水文化建筑或遗址；有具有较高历史文化价值的古桥、古井、水门、纤道等；有与水利工程关系密切的涉河涉水工程设施；有具有重要意义的水利测量、施工工具及设施，充分反映人民群众用水方式的水利器具；有直接反映管水、用水制度或事物的碑刻等；还有涉水信仰、民俗、文学（如神话、传说、故事、诗词）、历史文献（古代疏谕、民国公文、江河考、碑记）、艺术（如音乐、舞蹈、绘画）等。

钱塘江唐诗之路物质类水文化遗产和非物质类水文化遗产的不同形态，

造就了多样的水文化资源格局。古时，水路是重要的交通要道。历代文人墨客慕名而来，泛舟钱塘江上，欣赏钱塘江的辽阔壮观，留下了千古不绝的美丽诗篇，其最主要的缘由是杭州自古以来就是与水共生的江南水乡，其境内拥有江、河、湖、海、溪、潭、桥、闸、坝、砌、浦等各种物质类水利形态。

其中，物质类水文化遗产中最有名的要数新安江水电站、钱塘江古海塘。新安江水电站是新中国第一座自己勘测、设计、施工和制造设备的大型水电站，是中国水利电力事业史上的一座丰碑，是中国人民勤劳智慧的杰作，反映了"让高山低头，叫河水让路"的豪迈气概。钱塘江古海塘凝聚了历代统治者和两岸百姓的智慧和力量，现已列入国家水利遗产。非物质类水文化遗产使钱塘江唐诗之路拥有更加深刻的文化内涵和更加强大的精神力量，如其境内拥有唐诗 409 首、艺文 92 篇、传说故事 91 个、水道图说 7 个，还有壁画若干等等。

得天独厚的水环境优势造就了诗路江南水乡独特的风景，其水文化资源具有特色鲜明的水域特征。而同一大环境下的水文化遗产也因不同的地域环境和人文环境而有所差异。钱塘江唐诗之路遗产普查小组普查发现，钱塘江唐诗之路杭州段物质类水文化遗产分别分布在拱墅区、上城区、西湖区、萧山区、滨江区、钱塘区、余杭区、临平区和建德、富阳、桐庐、淳安。其中，如图 1 所示，建德市最多，共计 111 项，桐庐县次之，共计 99 项，萧山区第三，钱塘区最少。①

---

① 陈静，俞侃 . 生态文明视阈下钱塘江唐诗之路水文化遗产保护与传承研究[J] . 浙江水利水电学院学报，2022，34（5）：8–12.

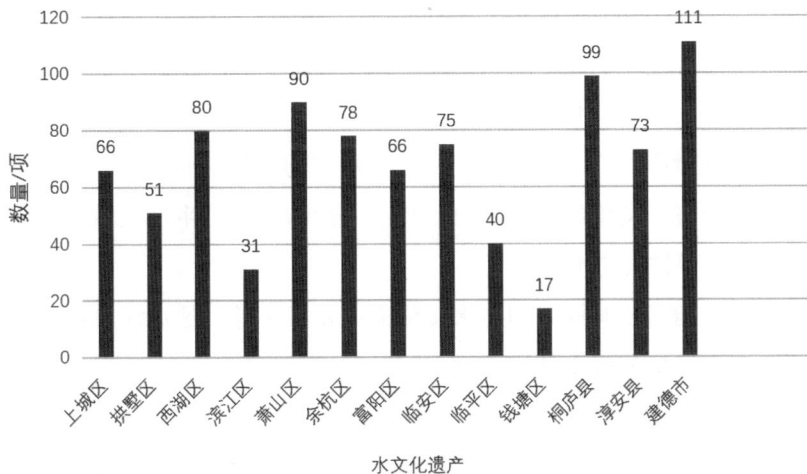

图 1　钱塘江唐诗之路杭州段水文化遗产资源分布

钱塘江唐诗之路物质类水文化遗产历史悠久，其历史最早可追溯到新石器时代，如跨湖桥遗址、金山遗址、茅草山遗址、乌龟山遗址等。从新石器时代至近现代，钱塘江唐诗之路水文化遗产纵横跨越千余年，且各时期遗产分布差异明显（见图 2）。

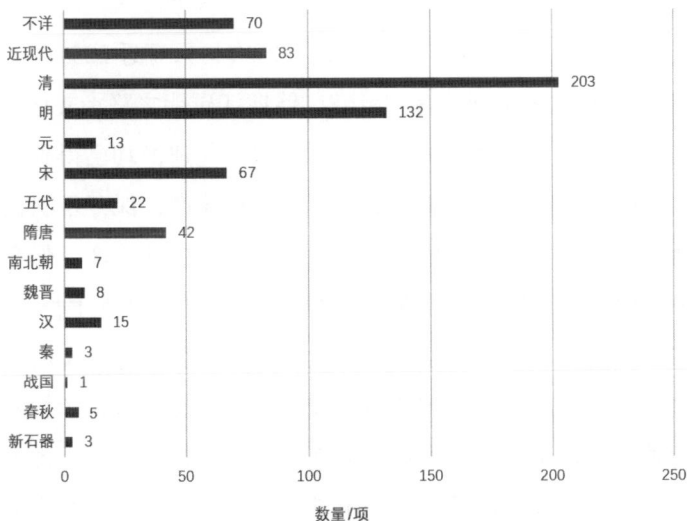

图 2　钱塘江唐诗之路杭州段不同年代物质类水文化遗产数量

其中,现存的物质类水文化遗产中,属清代最多,共计203项,占30%;明代次之,共计132项,占19.6%;宋代67项,占9.9%。可见,钱塘江唐诗之路水文化遗产具有相当高的历史价值,值得我们去挖掘、研究和传承。而钱塘江唐诗之路水文化遗产又是在特定的文化空间中形成的,是一定时期政治、经济、文化的客观反映,其唯一性和不可再生性又增加了水文化遗产的价值和保护、传承的难度。

由于过去相当长时期人们对水文化遗产重视不够,钱塘江唐诗之路杭州段的不少遗产保护的现实处境不容乐观,如钱塘江古海塘上千字文碑、十二生肖等文物屡遭破坏或盗窃,百井坊巷"九十九眼水井"已不复存在……

杭州作为历史文化名城、创新活力之城、生态文明之城,在当前积极倡导习近平生态文明思想,打造经济高质量发展高地、新时代文化高地、美丽中国先行示范区、省域现代治理先行示范区、人民幸福美好家园。杭州在建设"数智杭州·宜居天堂"的大背景下,如何将习近平生态文明思想运用到钱塘江唐诗之路水文化遗产的保护与传承之中,把握好开发和利用的平衡点,传承好浙江治水精神,推进杭州"拥江发展",构建"山水相融、湖城合璧、拥江枕河、人水相亲"的生态宜居的幸福杭州,这是亟待研究的课题。

经钱塘江唐诗之路遗产普查小组普查发现,钱塘江唐诗之路水文化遗产的文物保护级别不一。现存877项水文化遗产中,只有近23%列入了文物保护范畴,还有近77%未被列入保护范畴。钱塘江唐诗之路水文化遗产中,属于国家、省级、市级、区级文物保护单位的水文化遗产均已得到较好的保护及利用;非文物保护单位、仍继续使用的水文化遗产,保存现状良好,如各类桥、井等。但非文物保护单位、未继续使用的水文化遗产,保存现状相对较差,部分看似废弃,遗产表面或周边杂物堆积,植被杂乱生长。

文化遗产向我们展示了一条文化的大河,引导我们追寻文明的源头,也为我们研究不同时代、不同地域的历史变迁、思想文化、科学技术、社会结构、伦理道德等提供了依据。虽然当前文化遗产保护已经成为各个国家的重要课题,但人们对文化遗产的认识还不够。有些人把文化遗产当成经济发展的"绊脚石"，有些人则把文化遗产当成"摇钱树"。这些都缺乏对马克思主义文化遗产理论的认识与研究。

认识的偏差，理论研究的滞后，自然会带来一系列的问题。

普查小组根据调查现状，结合全国、全省时代背景，分析了钱塘江唐诗之路水文化遗产保护和利用中存在的问题，主要有以下四个方面：一是生态文明意识不强，没有将生态文明建设摆在重要位置，真正从水生态安全、水生态文化、水生态保护与传承的视角，研究"与水相融共生、人水和谐共处"。二是可持续发展的水资源环境支撑体系尚未建立。水文化资源开发缺乏系统思维、战略思维和整体意识，不能达到人、水、城镇和谐一体的意境。三是缺乏健全的管理制度和法律法规保护。鉴于管理部门对于水文化遗产的认识局限性，现行法律体系中，针对水文化遗产保护的相关法律法规尚不完善，难以给各地水文化遗产指明具体的工作标准和技术规范。四是深度的水文化遗产价值及内涵研究相对薄弱，特别是对水文化遗产内涵的解读和其背后精神层面的深层次挖掘与弘扬有待提升。当前全省虽在开展水文化遗产普查及水文化遗产名录整理，但缺乏对水文化遗产保护利用现状的深入评估，尚未形成系统的水文化研究内容和研究体系，特别是缺少对浙江治水故事的宣传，以及对浙江治水精神的传承。

钱塘江唐诗之路水文化遗产的保护和开发要在坚持习近平生态文明思想的前提下，按照物质水文化遗产与非物质水文化遗产共同保护、历史遗产主体与周边环境共同保护、区域文化协同保护、遗产保护与经济发展相辅相成，政府先行、多方参与的保护策略及品牌打造与产业融合、活化利用与精神弘扬的传承思路，通过建立水文化遗产管理制度、建立水文化遗产保护与开发评价指标体系、建立水文化遗产专题数据库和可视化巡查系统、构建水文化遗产的产业延伸融合模式、加强水文化遗产精神解码等方式，不断推进钱塘江唐诗之路水文化遗产的保护与传承，使其成为生态、文化、经济效应的综合体。

钱塘江唐诗之路水文化遗产保护传承时，要建立水文化遗产管理制度，科学设定水文化遗产的认定、保护、管理等内容。钱塘江唐诗之路水文化遗产点多、面广，保护传承工作量大，应由政府统筹、行业归口管理、相关职能部门协力配合、社会公众全面参与，加强对钱塘江唐诗之路水文化遗产的保护与利用。水利部门应增加水文化遗产保护与管理职能，将水文化遗产保护融入河（湖）长制体系，将水文化理念融入水利工程规划和设计体系，明确具体责任单位，并将交通、住建等部门纳入水文化遗产保护工作中，形成高效有力的水文化遗产保护管理体系。建立县区级水文化名镇、省级古村落、省级文物保护单位、非物质水文化遗产、国家水利风景区所构成的五方面的遗产保护体系，构建科学完善的水文化遗产保护法律法规体系，制定专门的水文化遗产保护管理条例、水文化遗产评价标准体系和水文化遗产保护规划等行业规范标准，科学设定水文化遗产的认定、保护、管理等内容。

钱塘江唐诗之路水文化遗产保护传承时，要加强对水文化遗产的精神解码，弘扬浙江治水精神。当前的保护传承之路，缺少对水文化遗产内涵的解读和其背后精神层面的深层次挖掘与弘扬。水文化遗产是一定历史时期人水关系中形成的思维方式、价值观念和精神力量，潜移默化中影响着人的行为。要加强水文化遗产的研究，特别是解码其蕴含的精神实质，将水文化遗产与浙江治水历史相结合，充分挖掘水文化与地域文化的关联，加大钱塘江唐诗之路水文化的传播与教育力度，加强重要水文化遗产的普及教育，讲好当代水文化故事，充分展示当地人文内涵和治水精神。

钱塘江唐诗之路水文化遗产保护传承时，要加强生态培育与活态传承。钱塘江唐诗之路水文化是受自然环境、社会环境和经济环境共同影响的，离开任何一项，水文化都不能传承和发展，尤其是非物质水文化遗产，更需要"自然—社会—经济"的生态培育，才能保持地方特色与生命力。在保护水文化遗产时，要注意把握分寸和尺度，切莫保护过度，将水文化遗产束之高阁。可以通过生态培育的方式使有形的物质水文化遗产（水利工程设施、古镇、古建筑、传统民居、园林宅院、文物遗存等）和无形的非物质水文化遗产（如传统技艺、传统表演艺术、民俗活动、节庆习俗、生产生活习惯、口头传统等）相依相存，融入钱塘江唐诗之路沿线人们的生产生活和自然环境中，在润物无声中涵养文明之风。

钱塘江唐诗之路水文化遗产开发利用时，要强化品牌意识，构建水文化遗产的产业延伸融合模式，推进杭州"拥江发展"。要坚持创新、协调、绿色、开放、共享的新发展理念，打破地域、行政、管理的界限，加强水文化与文化产业、旅游业等融合，推进产业延伸融合，加强对钱塘江唐诗之路水文化遗产整合、串联、包装、策划，形成若干历史水文化主题，促进水文化遗产的创新发展。加强对钱塘江干流、支流以及钱塘江唐诗之路县境内水文化遗产的保护开发和利用，开发具有水历史风貌的商业街区、渡口码头、古桥遗址文化、水民俗文化基地、县域水景观、水驿站小景等，发挥钱塘江唐诗之路水文化遗产的经济效益、社会效益和生态效益。强化品牌意识，做好非物质水文化遗产、水民俗、水艺术、水文学等遗产项目的保护与利用规划，建立一批具有独立知识产权的钱塘江唐诗之路水文化遗产文创品牌。

第二章

山河织就的浙东唐诗之路

——曹娥江流域

是谁，动若惊骇，声若雷霆，波涛援而起；
是谁，源远流长，名扬千年，古韵流四方。
悠悠曹娥江，
风情千古。
晋韵唐风的风骨，
在诗意氤氲中流淌着千年的文脉；
无与伦比的传奇，
在滔滔江水中激荡着奋进的伟力。
人们坚信"孝风兴，文明盛"；
人们期待"文化昌，百姓富"。

第一节　含"唐"量最高的山水走廊

在浙江东部，青山隐隐处，流淌着一条古韵芬芳的大江，400 余位唐朝天才诗人，曾顺着流水踏歌而来。这不是一般意义上的水路，而是一条由众多唐诗串联起来的山水走廊，更是一条开满了文明之花的诗意浪漫的文化之路。

1991 年，浙东学者竺岳兵在"中国首届唐宋诗词国际学术讨论会"上，第一次正式提出"唐诗之路"，迅速引起共识。唐诗中的浙东范围，指的是浦阳江流域以东、括苍山以北至东海的这一区域，总面积 2 万多平方公里。一条由南向北流淌的大河——曹娥江贯穿其中，成为唐诗之路的核心水道。

浙东"唐诗之路"，从钱塘江畔的西陵渡开始，沿着浙东运河至绍兴，再沿曹娥江、剡溪至新昌、天姥山和天台山；它的支脉向东经四明山延伸至宁波以至海上，西南向诸暨、金华，将浙东的山水名胜地，尽数收揽其中。

李白在《送王屋山人魏万还王屋》诗序中为后人勾画了较为清晰的诗路走向：由杭州渡钱塘江，东至萧山西陵，从运河至越州，游若耶溪、泛镜湖（即今鉴湖）；经曹娥江，入剡溪；上天台国清寺；入丰溪，至临海；转入灵江，至永嘉，下武义江，奔金华，入兰溪江，转至富春江，诣严子陵钓鱼

台，再入钱塘江，至杭州。^①

据绍兴市鉴湖研究会会长、中国水利史学会副会长邱志荣考证，浙东唐诗之路有四个游程：第一游程主要依托浙东运河、若耶溪、南池溪、兰溪和镜湖，沿线主要有大禹陵、法华山、兰亭、贺知章故居等景点；第二游程主要依托曹娥江，沿线主要有舜井、东山、嵊浦等景点；第三游程主要依靠剡溪及其支流，沿线主要有剡山、石门等景点；第四游程在剡中，沿线主要有水帘洞、天门山等景点。

水滋山润，钟灵毓秀。水乡泽国的奇山秀水吸引了无数诗人前往采风吟诵。"千岩竞秀、万壑争流，草木蒙笼其上，若云兴霞蔚"，东晋顾恺之将鉴湖描绘得灵动秀美。李白有诗云："镜湖水如月，耶溪女似雪"，"万壑与千岩，峥嵘镜湖里"。白居易曾感慨："一泓镜水谁能羡，自有胸中万顷湖。"贺知章写道："稽山罢雾郁嵯峨，镜水无风也自波。"陆游歌咏鉴湖："千金不须买画图，听我长歌歌镜湖。湖山奇丽说不尽，且复为子陈吾庐。"秦少游游历后感慨道："水光入座杯盘莹，花气侵人笑语香。"清代周元棠写道："人在镜中天在水，菱花飞处落红铺。"千余年来，众多文人墨客陶醉于稽山鉴水千岩竞秀、万壑争流、村野牧歌、清流舟筏的景色，一路载酒扬帆，击节高歌，留下了许多华美篇章。

剡溪，亦是诗人偏爱的打卡圣地，李白三次从水路入剡，留下了"此行不为鲈鱼鲙，自爱名山入剡中"的美句。"初唐四杰"之一的骆宾王因数次上疏言事，获罪下狱。后侥幸获释，却遭贬谪，在畅游唐诗之路进入曹娥江时，写下《称心寺》一首，最后有两句：

> 穿溆不厌曲，叙潭惟爱深。
>
> 为乐凡几许，听取舟中琴。

诗人将政治失意的人生思考融入江水之中，寓情于景，情景交融。

禅心、仙风、诗意，这是浙东唐诗之路最动人的亮点。据史记载，南北

---

① 竺柏岳.浙东唐诗之路与剡溪［J］.科学 24 小时，2011（21）：49-51.

朝时，因北方战乱，人们纷纷避乱江南，会稽郡成了当时主要的移民聚居地之一，中原的先进文化随着政治中心的南移逐渐在此生根发芽。永嘉之乱，曾任西晋国子监祭酒的谢衡举家南逃会稽，迁居环境幽雅、风景怡人的上虞东山。尔后，谢衡之孙谢安在此进退自如，进则东山再起、为世所用，退则陶醉自然、怡然自得，不念荣华富贵，只济苍生黎元。

这种既能入世又能出世的高贵品格，成了中国古代知识分子的精神追求。当时会稽一带繁荣稳定、民风淳朴，特别是秀丽的山川风光，正好迎合了当时回归自然、祈求心灵超越的思想潮流。从此，东山便成了江东名士遨游、寄寓和聚会之地，人们津津乐道、无限仰慕的著名圣地。而谢安也成了诗词歌赋中吟咏不绝的对象。

李白多次沿曹娥江吟咏啸歌，"归去来兮"的惦念之心，掬水可见，既有"不向东山久，蔷薇几度花。白云还自散，明月落谁家"的隐逸淡泊，又有"东山高卧时起来，欲济苍生未应晚"的豪情壮志。此后，杜甫、王维、温庭筠等400多位唐代诗人徜徉其间，山水朝圣、寻幽访古、击节高歌，酝酿出了新的诗词雅韵。

诗意山河，浩荡风流。这是一条特殊的江，更是一条传奇的路。千年山川古韵，又是怎样的荡气回肠，触动了诗人们的绵绵情愫。秀丽的风景，流淌的画卷，是文人墨客乘兴而来的一大原因。而源远流长、逶迤而行的曹娥江孕育的文明基因，更是文人墨客流连忘返的重要原因。百官朝舜、西施浣纱、曹娥投江、梁祝化蝶等动人的传说，促使好奇的诗人前往寻踪觅迹；大禹治水、卧薪尝胆、马臻筑湖等史迹遗存，驱使诗人前去吊古颂德；更有王羲之的兰亭雅会、谢安的"东山再起"、王子猷雪夜访戴等文人趣事，吸引诗人前往探访。

追寻诗人们的足迹，从钱塘江经绍兴鉴湖、山阴道和若耶溪一带，向南溯曹娥江而上，入剡溪，经嵊州、新昌、天姥山，最后至天台山。千年流淌的江水，浸染在诗人的风流雅韵和文人墨客的诗情画意中，织就了一条神奇的浙东唐诗之路。

而缀满诗篇与华章的曹娥江流域是浙东唐诗之路上的璀璨明珠，在盛唐的光芒中熠熠生辉。千年之后，在漫长岁月的积淀与绽放里，浙东这方灵秀山水，写满了名士风度、神话传说、佛道典故，在灵光流转中散发着智慧、浪漫和无羁无绊的自由，更是不可多得的文化宝藏。

一江流淌诗与画，万古风情谁与争？串起历史的"珠链"，浙东这方神圣山水蕴含着丰富的浙江水文化，彰显着文明与科学、诗意与禅思，在治水、兴水的传奇之路中彰显着时代的华章。

第二节　一江流淌诗与画

一城山水满屏翠，一江诗韵现芳华。这是一条山河织就的浙东唐诗之路，诗意氤氲中流淌着千年的文脉。如诗如画的曹娥江、山水朝圣之地剡溪、千年古津渡渔浦……一泓泓碧波写满了诗画浙江的神话，孕育了诗路文化的风骨，见证了一座座城市的繁华。

灵光流转忆娥江

曹娥江，自南向北，逶迤而行，流经新昌县、嵊州市、上虞区、柯桥区，在绍兴市新三江闸以下注入杭州湾，流域面积约 6046 平方公里，是中国东海独流入海河流，钱塘江的最大支流。

曹娥江位于东南丘陵地带，水网纵横交错，嵊州附近又称剡溪，上虞境内又称上虞江，百官附近古称舜江，下游段古称东小江，是唐代重要的水事要道，以"越江"之名频繁出现在唐诗中。

曹娥江两岸山峦奇秀，一路山影空蒙、水光潋滟、甘泽旖旎、白鹭翩跹、荷香四溢，不仅滋养了上虞的山水之丽、物产之丰，也是浙东唐诗之路重要的文化水道，流淌着几千年的古越文明。

唐朝以来，吟咏曹娥江的诗词众多。唐代大臣王涯游曹娥江时，描绘了一幅优美的风俗画："摇漾越江春，相将采白蘋。归时不觉夜，出浦月随人。"诗人极尽笔墨表现了曹娥江姑娘的采蘋之乐，浓浓的生活气息反映出曹娥江一带民风淳朴、百姓安乐。

无独有偶，另一位唐朝诗人任翻，用诗作反映了曹娥江渔民的生活："棹入花时浪，灯留雨夜船。越江深见底，谁识此心坚。"诗人用诗情画意的笔触，描绘了老年渔父自得其乐的悠然生活，也从一个侧面反映出当时沿江一带的生活状态。

孝女曹娥，是历代诗人吟咏的对象。唐朝浪漫主义诗人李白遨游此江，写下了"笑读曹娥碑，沉吟黄绢语"这样千古不朽的名句。唐代伟大的现实主义诗人杜甫在《偶题》中写道："漫作潜夫论，虚传幼妇碑。"白居易在杭州做官，专程拜谒曹娥庙，写下了"别后曹家碑背上，思量好字断君肠"的诗句。宋代诗人陆游也曾"敛昏微雨泊曹娥"。孝文化，在经历千年风雨后，依然独树一帜，万古流芳。

"东山再起"这一耳熟能详的成语出自上虞东山。东晋时，谢安为避政敌追杀而舟隐至东山数十年，一竿烟雨，半榻琴书，与清风明月为伴，与文人雅士为伍，或在山水之间纵情高歌，或在微风细雨中轻拢慢捻。一时间，王羲之、孙绰、许询、支遁等墨客高僧云集于此，而东山也成为东晋名士遨游、寄居、聚集之圣地。

出则渔弋山水，入则言咏属文。韬光养晦的谢安在淝水大捷中举世闻名，成了中国知识分子的精神标杆。而悠悠曹娥江、巍巍东山也成了魏晋风骨的观照地，千百年来被世人颂赞仰慕，可谓千古风流千古颂。诗仙李白凡游历曹娥江必上东山，先后写下了《忆东山二首》《送王屋山人魏万还王屋》等诗文，特别是《忆东山二首》诗句"不向东山久，蔷薇几度花""欲报东山客，开关扫白云"，唱出了"吟咏啸歌"的壮志豪情。

"九秋风露越窑开，夺得千峰翠色来"，这是唐代诗人陆龟蒙笔下越窑开窑时的壮观景象。被称为"绝世佳人"的青瓷产于上虞，上虞也是早期越窑的中心产地。曹娥江流域的先民们，用火与土这两种大自然的馈赠，铸就了人类物质文明史上耀眼的历史丰碑。千百年来，穿过历史的长河，这里依然焕发着蓬勃的生机和隽永的诗意。

在遥远的美国犹他州和亚利桑那州的交界处，神秘的"石浪"被发现，惊艳了人们。石浪，也称石河，由冰川作用形成的一层又一层的石头堆积而成。在云雾缭绕的覆卮山，也有一条石河巨石滚滚，顺坡而下。巨大鹅卵石呈"川"字形排列，蔚为壮观，令人称奇。经著名地质学专家韩同林教授考证，上虞岭南覆卮山石浪为第四纪冰川遗迹，距今约 300 万年。如今，冰川石浪不仅成为人们观赏打卡的重要景点，也成为研究东亚乃至全球第四纪地质历史变迁和气候、环境演化的重要学术史料。

一曲《梁祝》和《送别》唱出了千古传诵的美好爱情，也刻画出曹娥江的气吞山河和温婉细腻。梁山伯与祝英台的故事是中华民族优秀文化百花园中的一朵奇葩。

明朝许大就在《祝英台碧鲜庵》五言古诗中，用"女慕天下士，游学齐鲁间。结友去东吴，全身同木兰"的诗句刻画了祝英台似"花木兰"的形象，又用"蛱蝶成化衣，双飞绕青山。舍宅为道院，祝陵至今传"的诗句，表明梁山伯与祝英台"反抗封建礼教，崇尚爱情自由"的崇高精神，为世人所传颂。

如今，梁祝各遗存地用文学、音乐、戏剧等艺术形式创造了诸多闻名遐迩的经典作品，而叹为观止的梁祝文化，被誉为东方的"罗密欧与朱丽叶"。

巍巍青山，诗画娥江。从亚洲最大的舜耕群雕到石井最美的红杉林，从雕饰繁丽的曹娥庙到气势恢宏的孝德园，从历经百年演化成的冰川石浪到历经烈焰考验的青瓷，这条流淌千年的母亲河曹娥江写满了百舸争流的繁华和人文渊薮的神韵，随着滔滔江水流芳百世，润泽人心。

烟光浩渺说渔浦

位于杭州萧山湘湖之东的义桥镇古渡口渔浦，为唐以来的重要津渡，商贾士人由越入杭必经此地，这里不仅是浙东唐诗之路的重要起点，也是钱塘江诗路的重要节点。

渔浦位于富春江、浦阳江、钱塘江三江汇流处，融三江美景，人文绝胜。古代文人雅士驻足于此，歌以咏之，留下了大量讴歌渔浦的诗篇。"宵济渔浦潭，且及富春郭。定山缅云雾，赤亭无淹薄"，南北朝诗人谢灵运在夜渡渔浦潭时写下这首描写渔浦的名作《富春渚诗》，抒发了诗人寄情富春山水的心境。渔浦诗歌的大幕从此拉开。

同样留恋富春山水的还有南宋诗人陆游。"桐庐处处是新诗，渔浦江山天下稀。安得移家常住此，随潮入县伴潮归"，这首脍炙人口的《渔浦》为渔浦两岸人民所传颂。除了山水，渔浦观潮亦有人称颂，唐代诗人钱起的《九日宴浙江西亭》中就有"渔浦浪花摇素壁，西陵树色入秋窗"之句，描绘了渔浦一带涌潮迭起、白浪撞击堤岸的情景。

北宋文学家苏轼曾有"钱塘江天下之险，无出其右，要以渔浦为最，故浙东士大夫皆惮于渡此"之句，描绘了士大夫们忌惮渔浦涌潮之汹涌，畏于渡江之情状。此外，元代杨维桢的《渔浦新桥记》、明代学者黄九皋的《论西江塘》等文章，也从不同角度描绘了渔浦美景。

"钱塘看潮涌，渔浦观日落。浙江两奇景，亘古称双绝"，清代诗人王雾楼的《渔浦观日落》一诗，道出了渔浦一带的"钱江潮涌"与"渔浦日落"两大自然风光特色。入夜之时，江面上雾气缭绕，轻烟弥漫，江上的点点渔火与天上的闪闪星光相映成趣，构成了明代"萧山八景"中的"渔浦烟光"。

唐代诗人崔国辅曾作《宿范浦》（范浦即渔浦），其中"月暗潮又落，西陵渡暂停。村烟和海雾，舟火乱江星"之句，描绘了萧山西陵渡、渔浦渡两大渡口一静一动的迷人夜景。

夜幕下的渔浦古渡，炊烟与雾气缭绕，船上的渔火与星光交相辉映，给人以"野径云俱黑，江船火独明"的美感。看来，早在唐代，一些士人已知渔浦夜景之美。

清初萧山籍诗人毛万龄曾写过《渔浦烟光》：

> 日落江村静，渔归尽聚船。

煮鱼醉山月，烧竹乱江烟。

堤树遥看雪，樯乌远入天。

一声芦外笛，何处有飞仙。

其描述的景色是这样的：傍晚时，夕阳映照在江面上，将归来的渔船镀上点点金光，渔村里炊烟袅袅，夹杂着周围的雾气、雪花，突出了人与自然的融合，这是一种不可名状的美。此外，晚清萧山缙绅黄元寿也曾写过一首《渔浦烟光》："闲煞渔翁三弄笛，淼烟凫出数峰青。"

渔浦唐诗，是唐诗中的精华部分，从南北朝的谢灵运、沈约，到唐朝的孟浩然、崔国辅；从宋朝的苏轼、陆游，到元、明、清时期的钱惟善、唐寅，诗颂渔浦延绵不绝。渔浦的山水风光不仅吸引了谢灵运、孟浩然、王维、苏轼等大家为之赋诗，也吸引了古代画师前来取景作画，留下了不少千古名作。

北宋《宣和画谱》中，就记载了不少以渔浦为题材的作品，许道宁、赵干、宋迪、李公年等八位画家留下了十幅关于渔浦的画作。其中，南唐画师赵干是最早画渔浦风景的画家，其作《冬晴渔浦图》今已佚，但从其流传后世的《江行初雪图》中仍可一窥其描绘江南渔家的细腻笔法以及人景并重的创作风格。

而今，义桥镇正在打造渔浦文化品牌，提炼"一包四崇"（"一包"即包容，"四崇"即崇商道、崇诚义、崇节孝、崇学业）的渔浦文化精神。2018年11月20日，萧山义桥镇被授予"浙江省诗词之乡"的称号，成为杭州市首批创建乡镇。2022年7月，萧山区义桥镇的渔浦古渡作为萧山的唯一文化基因解码项目，入选浙江省"文化基因解码工程"成果展暨"文化标识建设成果交流展"，向全省展示渔浦风采，将渔浦文化进一步发扬光大。

袅袅清音话剡溪

"落日花边剡溪水，晴烟竹里会稽峰"，作为曹娥江的上游，剡溪突然在陡峭青山间奔流而出，融会稽山、四明山和天台山三山美景，流域覆盖整个嵊州盆地。

剡溪为越中胜地,两岸万壑争流,众源并注,或奔或汇,风光旖旎,清幽迷人。早在《会稽郡记》中就有对剡溪景色的高度评价:"会稽境特多名山水,潭壑镜澈,清流泻注,惟剡溪有之。"唐朝大诗人李白四入浙江,三入越中,二上天台,即使身在他处,也总以剡中风光作比,更是发出直抒胸臆的由衷赞美:"东南山水越为最,越地风光剡领先!"

古往今来,剡溪有九曲之美。自东晋以来,剡溪更是文人墨客寻幽访古、山水朝圣之地,众多山水诗人悠游于此。

一千多年前,唐朝诗人崔颢从东阳鸣棹而来,经曹娥江,上入剡乡,徜徉在剡溪河畔。江水清澈明净,波光泛银,一叶扁舟在两岸青山的映衬下悠然漂移。此情此景,崔颢情不自禁地吟出"青山行不尽,绿水去何长……多惭越中好,流恨阅时芳"的感慨。尔后,诗圣杜甫踏上剡溪,对此情有独钟,不由吟唱"剡溪蕴秀异,欲罢不能忘"。

中唐诗人杨凌在剡溪看花,写下"花落千回舞,莺声百啭歌。还同异方乐,不奈客愁多"的诗句。诗人用"千回舞""百啭歌",绘声绘色地描写了花落、莺歌,突出了剡溪的美。面对如此乐景,诗人有感而发,悲伤情致油然而生,不禁发出"不奈客愁多"的感慨,阴郁的心情呼之欲出。

无独有偶,诗人们不约而同地描写了剡溪之花。丘为在《送阎校书之越》中写道:"南入剡中路,草云应转微。湖边好花照,山口细泉飞。"李嘉祐在《和袁郎中破贼后经剡县山水上太尉》中写道:"破竹清闽岭,看花入剡溪。"秦系在《山中奉寄钱起员外兼简苗发员外》中写道:"高吟丽句惊巢鹤,闲闭春风看落花。"可见,剡溪之花,为唐人所重,情有独钟。

江山何处不风流,为何剡溪如此受垂青,引得历代诗人鱼贯而来,吟咏歌唱?佳景殊胜固然是一个客观原因,但更重要的还是这里的文化积淀。

剡溪,不仅是一条诗歌之溪,也是一条文化之溪。

嵊州小黄山遗址,一个被唤醒的古村落,是新石器文化的代表,其年代早于河姆渡、马家浜及跨湖桥文化,为剡溪文化增添了浓墨重彩的一笔,留下了人类文明的痕迹。

剡溪是一条歌颂大禹的河。世传，舜曾巡游于此，禹劈开崤山和嵊山，引剡中之水入大海，使荒山变沃野。唐李群玉有诗"涧有尧年韭，山余禹日粮"。王十朋诗云："禹迹始壶口，禹功终了溪。余粮散幽谷，归去锡玄圭。"

尔后，秦始皇巡会稽，望三山和东海，凿坑以泄王气。王子猷雪夜访戴，清谈成趣，乘兴而行，兴尽而返。以《兰亭序》闻名的"书圣"王羲之，辞官后带妻携子隐居在剡溪之源，以山水吟咏为乐。再有出生于会稽始宁（今浙江上虞）的中国山水诗鼻祖谢灵运，曾一度归隐故里，赋诗绘画，悠然自得。

晚清时期，剡溪两岸的一缕越韵晕染四射，灵动奔腾，由浙入沪，播芳全国，唱出了"越女天下白"的袅袅清音，舞出了越剧发源地的迷人风情。

百年越剧，千年唐诗，万年小黄山。一条剡溪，悠悠文脉，历经数千年形成了剡溪地域文化，为后人留下了山水与人文结合、景观与文化相映的浙东唐诗之路，是一座融儒学、佛道、诗歌、书法、茶道、陶艺、民俗、方言、传说等内容于一体的文化宝库，为浙江注入了潇洒雅致的文化基因。

时光流转，岁月回响。流水不言，数千年静静流淌。那些影影绰绰的身影、波澜壮阔的故事，早已融入历史的清幽雅梦中，化作千年的活态文化遗产和民族记忆，流淌在那一篇篇动人的诗作中，代代相传。

第三节 为有源头活水来

文化如水,润物无声。文化浙江不仅要关注文化产业的发展、文化设施及公共文化服务体系等硬实力建设,更要重视理想信念、价值观念及道德风尚等软实力的构建。曹娥江是越文化的发源地,也是浙江优秀传统文化的"源头活水"。

从民间传说看浙江孝文化起源

孝文化在我国源远流长。虞舜引领的孝德文化是曹娥江流域重要的人文基因。

相传,中华文明始祖虞舜出生在曹娥江畔一个名叫虹蚌的小村庄,因孝德而被尧选作禅让的接班人。《史记·五帝本纪》记载:舜父瞽叟顽,母嚚,弟象傲,皆欲杀舜。舜顺适不失子道,兄弟孝慈。欲杀,不可得;即求,尝在侧。舜的"孝感动天"被后世列为二十四孝之首,曹娥江流域的璀璨明珠上虞也因而成为中华孝德文化的源头。

孝女曹娥的故事在曹娥江流域广为流传。据《后汉书》记载:"孝女曹娥者,会稽上虞人也。父盱,能弦歌,为巫祝。汉安二年(143 年)五月五日,于县江溯涛婆娑迎神，溺死，不得尸骸。娥年十四，乃沿江号哭，昼夜不绝声，旬有七日，遂投江而死。"

千秋庙祀彰灵孝，万古江流著大名。东汉少女曹娥投江寻父的悲壮，让这条静静流淌的母亲河增添了浓厚的文化底蕴。千百年来，纪念"天下第一孝女"的曹娥庙早被誉为"江南第一庙"，成为浙东唐诗之路上的一个重要驿站，现已是国家 4A 级中华孝德园核心文化古迹，承载着流域人民的满满孝心与殷殷思念之情。

唐代诗人赵嘏在崇敬曹娥时，对曹娥不为世人所重深有感慨，写下"文字在碑碑已堕，波涛辜负色丝文"的诗句。自东汉元嘉元年（151 年）曹娥孝迹被立碑建庙以来，从宋徽宗到清穆宗，历代皇帝对孝女曹娥进行六次敕封，民间称呼其为"孝女曹娥娘娘"。

怀古凭吊，从"孝感动天"的舜帝到"投江寻父"的曹娥，曹娥江流域早已形成崇尚孝道，有着悠久孝文化的人文风情。在经历了几千年的风雨洗礼后，母亲河曹娥江孕育的"孝德精神"光照千古，积淀了中华民族深厚的道德文明精华。

中华优秀传统文化积淀着中华民族最深层的精神追求，代表着中华民族独特的精神标识，是民族文化、人文情怀的智慧之源。作为中华孝文化的重要支流，曹娥江流域的孝文化已经成为激励人们传承孝文化的原动力。昔日千古孝德传奇虽已渐行渐远，但孝文化的精神基因永传。

然而当下，随着社会发展和生活节奏的加快，传统孝文化的传承与发展遭遇困境。迫于生活压力的青年人在沉重的物质生活面前，往往忽视了父母的精神感受。因此，空巢老人、留守老人屡见不鲜，孝文化逐渐流失。由此，如何寻求孝文化传承的支撑点，将其融入精神血脉之中，在传承和创新孝文化中弘扬社会主义核心价值观，是我们亟须研究的命题。

林语堂先生曾说，"教育或文化的目的不外是在发展知识上的鉴赏力和行为上的良好表现。有教养的人或受过理想教育的人，不一定是个博学的人，而是个知道何所爱何所恶的人。一个人能知道何所爱何所恶，便是尝到了知识的滋味"。可见情感教育在一个人成长过程中的重要性。

情感教育贯穿人的一生。其中,家风是教育良好的基石。俗话说"三岁看老",孩童时代所受的教育影响着人的一生。从牙牙学语到蹒跚学步,父母是子女耳濡目染的"行为榜样",子女是父母生命的影子。注重家庭、家教、家风,让优秀的家庭伦理道德教育成为我们家庭教育的第一课,让更多的孩子赢在起跑线上。

制度、法治是保障孝文化传承的另一强有力的支撑点。全国有名的孝德镇余姚小曹娥镇,以乡情为纽带,以文化亮镇、文化惠民、文化立人为手段,把孝文化融入乡镇血脉,成为推进孝文化建设工作的一个缩影。小曹娥镇通过中式古典的崇孝扬孝的"孝墙"、孝德评议庭、孝敬公约等,把孝德行为规范纳入村规民约中,进一步激活了新时代孝美文明基因。

孝道文化养老是当前兴起的一个流行说法。随着社会不断进步,面对现实中的矛盾,文化养老将成为孝文化传承的重要途径,可以解决经济发展和人口老龄化之间的矛盾。[①]

我们先看孝文化养老产生的背景。农村是孝文化的典型观照点。在广大农村地区,由于农村经济和教育配套等问题,青年人不得不为生计奔波,至城镇发展。这无形中造成了"空心村""空巢老人"现象。农村人口老龄化的不争事实,又使得青年子女无力同时为老人提供物质保障和精神陪伴,孝文化传承因此遭受冲击。

孝文化养老主要解决的是精神层面的问题。文化养老,其实并不是只满足衣食住行等物质生活,更主要的是能够为老年人提供精神上的供给,这种供给包括丰富的娱乐活动、专业的文化知识、温暖的精神陪伴等等,让老年人能够老有所乐、老有所学。

无论是二十四孝的舜帝,还是投江寻父的曹娥,精神层面的孝道早已超越了物质层面的孝道,孝的伦理观念成为中华民族生生不息的重要精神基

---

① 黄海蓉. 农村孝文化传承的支撑点[J]. 人民论坛,2018(6):78-79.

因。徐伟在《弘扬中华优秀传统文化的特质——基于孝文化的马克思主义哲学探索》一文中以马克思主义哲学视角分析了孝文化的逻辑表达，指出孝文化是人的尺度与自然尺度的统一、真的尺度与善的尺度的统一。[①] 其实，随着社会的发展和精神文明建设的推进，传统的孝道文化已经从晚辈对长辈的单向输出转化为"仁、义、礼、智、信"的系统性文化内涵，孝道文化不仅是一种美德，也是一座架在人与人之间的爱心桥梁，又是赓续"家国天下"的责任伦理，更是构建人类命运共同体的责任担当。在款款的温情、深深的感恩中，孝道文化迸发出源源不竭的强大力量，实现着"家兴，国自然就兴"，中国梦不再遥远。

从唐风晋韵品东山之隐的文化意蕴

人文地脉是文化中国的一个载体和气场，是人文精神的象征。据钟其鹏在《唐代士人推崇谢安探因》一文中分析，唐代有 100 多位诗人在 200 多首诗作中提及谢安，其中 80% 以上作品都与其隐逸有关。[②] 由此可见，东山已不再是实指的东山，而是一种高蹈隐逸的生活方式，这种生活方式表现为远大的政治抱负与豁达胸怀下的从容入世和淡然出世。

陈子昂在《登蓟丘楼送贾兵曹入都》中吟道："东山宿昔意，北征非我心。"王维在《戏赠张五弟諲三首》中写道："吾弟东山时，心尚一何远。"李颀在《赠苏明府》中写道："常辞小县宰，一往东山东。"韦应物在《答冯鲁秀才》中写道："徒令惭所问，想望东山岑。"唐朝诗人李白在《忆东山二首》中说道：

> 不向东山久，蔷薇几度花。
>
> 白云还自散，明月落谁家。
>
> 我今携谢妓，长啸绝人群。

---

① 徐伟.《弘扬中华优秀传统文化的特质——基于孝文化的马克思主义哲学探索》[J]. 毛泽东邓小平理论研究，2021（2）：30-37.

② 钟其鹏. 唐代士人推崇谢安探因[J]. 钦州师范高等专科学校学报，2005（3）：24-27.

欲报东山客，开关扫白云。

或许这是一种安慰失意的说辞。当无法建功立业，实现远大抱负时，谢安"高卧东山"和"东山之志"便成为文人遁世的寄托，字里行间透露出一种与白云为伴的高洁。唐代诗人倾慕谢安的隐逸行为，欲建功立业却被忌惮、被贬谪时，他们急流勇退，静水深流，坐看云起。

涉及谢安东山再起的唐代诗作有 30 多首，唐代诗人对谢安东山再起十分推崇和仰慕。如李白一生以谢安自期、以谢安自比，他在《书情赠蔡舍人雄》一文中赞叹"尝高谢太傅，携妓东山门……暂因苍生起，谈笑安黎元"，又在受挫时以谢安自励："东山高卧时起来，欲济苍生应未晚。"

孙元晏在《咏史诗·晋·蒲葵扇》中说道："抛舍东山岁月遥，几施经略挫雄豪。"温庭筠在《题裴晋公林亭》中表示："东山终为苍生起，南浦虚言白首归。"这是文人士大夫既想建功立业，又想自由潇洒，还想受人尊敬的一种心理需求，契合着当时整个时代的社会文化氛围。

唐代士大夫隐逸思潮的盛行，除了诗人本身的内心向往外，也与唐朝开放包容的文化体系有关。恪守传统圣贤之道的仕宦文化，助力了士人积极向上的政治抱负和建功立业的理想追求。李唐政权为巩固自身势力，极力尊崇老子和道教，以隐求仕或亦官亦隐的生活姿态成为那个时代流行的隐逸风尚。

历代文人对谢安的崇尚和仰慕，反映了生活在封建制度下的唐代文人从肉体到灵魂、从世俗到崇高、从社稷到苍生不同层面的灵魂向往和精神追求，成就了"不以物喜、不以己悲"的淡然心境、出淤泥而不染的高贵品格和自得其乐的精神境界。这是一代文人的心声和一个时代的缩影，也是东山之隐的文化意蕴。

在高速运转的当今社会，面对灯红酒绿的物质诱惑，人们容易焦躁不安，容易误入歧途。这时候，隐逸文化能更好地调节心情，抚平心绪，丰富人的精神世界。

其实，并非一定要屈身于某个真实地点，与世隔绝，隐逸文化应是一种淡泊宁静的人生姿态，高洁大气的人生境界。这是一种禅意的生活、灵魂的站立，既能居庙堂之高忧其民，又能处江湖之远忧其君，在诗意地栖居中书写一个大写的人！

从曹娥江大闸听浙东治水弦歌

"钱塘雪浪与天平，小入曹娥亦有声。"宋代诗人释宝昙在《过曹娥江》中描绘了曹娥江的惊涛骇浪、波澜壮阔。作为钱塘江最大的支流，曹娥江流淌着绍兴几千年的治水史。南宋《嘉泰会稽志》记载，曹娥江地处杭州湾，河口受海潮影响，潮水倒灌现象屡见不鲜，沿江人民深受其苦。

陈桥驿先生在《越族的发展与流散》一文中写道："越族居民在会稽、四明山地的山麓冲积扇顶端，俯视这片茫茫大海……他们幻想和期待着这样一位伟大的神明，能够驱走这滔天洪水，让他们回到祖辈相传的这块广阔、平坦、富庶、美丽的土地上去。"[1] 于是，大禹治水呼之而出，成就了千年治水神话。

从大禹治水，到越王勾践绕水筑城；从汉代太守马臻不畏艰险，修筑八百里鉴湖，到明代知府汤绍恩兴建三江闸，改变萧绍平原水利状态。翻开2000多年的治水历史，历代先贤以浚河为安民要务，以理水为治越首策，形成了一部千年不屈的治水史。

新中国成立后，浙江省委、省政府高度重视曹娥江水患治理。2005年12月30日，浙东引水曹娥江大闸枢纽工程成功按下了开工键，防洪、排涝、筑堤、建闸等一环紧扣一环，有序开展。2008年12月18日，曹娥江大闸28扇闸门落下蓄水，由此大闸功能性建筑全部完工并进入试运行阶段。2011年5月27日，曹娥江大闸枢纽工程顺利竣工验收，先后荣获中国建设工程鲁班奖、中国水利工程优质（大禹）奖、中国土木工程詹天佑奖、大禹水利科学技术奖特等奖，还被授予国家水土保持生态文明工程、国家水利风景区和全国建设项目档案管理示范工程等荣誉称号。

---

① 陈桥驿. 越族的发展与流散[J]. 东南文化, 1989（6）: 89-96, 130.

曹娥江大闸是绍兴历史上第四座大闸，赓续着绍兴治水文脉，是曹娥江治水史的延续。由于地理位置的特殊性，曹娥江大闸的建设面临强涌潮冲击、闸下泥沙淤积、近代沉积层厚软基沉降、海水侵蚀等一系列问题。面对多重困境，浙江水利人攻坚克难，先后开展了 30 多项专题试验研究，在确保大闸如期建成的同时，大闸的技术与工艺达到了国际和国内的领先水平。

曹娥江大闸是曹娥江上的东方明珠，是沿岸人们幸福的安澜工程。大闸将文化元素融入工程规划建设之中，注重水利工程传统功能与文化生态旅游景观等现代功能有机结合，配套建设了以星宿文化与名人说水为核心，以曹娥江十二景为重点的人文景观项目。"安澜镇流""雄闸应宿""娥江流韵""四灵守望""飞鱼化龙""高台听涛""岁月记忆""治水风采"等颇具特色的曹娥江十二景，反映了曹娥江流域源远流长、人文璀璨的历史文脉。

如今，从空中俯瞰，中国第一河口大闸、浙东引水工程的枢纽工程——曹娥江大闸，宛如一条巨龙横卧在曹娥江江口，擦亮了浙江共同富裕的鲜明底色，静静地守卫着两岸的繁荣与昌盛。

此情可待成追忆。站在曹娥江江口，驻足远眺，一座大闸的建成是大禹治水事业的延续，是水利精神生生不息的血脉传承。而以大闸为核心的景区，更是水利工程和生态景观、现代文明和历史文化的完美结合，是大自然的钟灵毓秀，更是建设者的气概豪情。

水载历史，传承不息。一曲浙东治水弦歌，激荡起"西水东调"的万古梦想，奏响了城市北进的号角，实现了滩涂经济"洼地"向长三角"金南翼"的惊人一跳，千里水脉横贯东西，激荡着发展的涟漪，述说着"水润万物兴"的水利盛世。

第三章

中国山水诗的开山鼻祖

——瓯江流域

八百里瓯江奔腾，

盘踞千岭间，

蜿蜒向东海。

古堰画乡，

是你秀美的身姿；

山水诗源，

是你高贵的风骨；

龙泉剑瓷，

是你丰盈的灵魂。

你向世界，

庄严地宣告：

诗与远方，

就在山水之间。

第一节　八百里瓯江奔腾

一折青山一画屏，一江烟雨一壶诗。这是一条风情之江，"千岩竞秀，万壑争流，草木蒙笼其上，若云兴霞蔚"，引无数诗人竞折腰。瓯江，位于浙江南部，为浙江省第二大江，因温州古称"瓯"而得名，古名慎江，又名永嘉江、温江，素有"瓯江山水奇天下，自然风光甲东南"之称。

瓯江干流和支流流经云和、松阳、丽水、青田、龙泉、缙云、景宁、遂昌、庆元，流域面积 18000 多平方公里。干流上游的小梅溪汩汩流淌，与青溪交汇成龙泉溪，后与松阴溪汇聚成大溪，至青田县湖边纳小溪后称瓯江，最后进入永嘉县注入东海。

三百里楠溪江，是瓯江流域的重要支流。楠溪江发源于永嘉县和仙居县交接的黄里坑，在括苍山和雁荡山山脉间，千回万转，自北向南，蜿蜒曲折，流经永嘉中心腹地，最后注入瓯江。楠溪江有"天下第一水"之称，江水含沙量低、清澈见底。乘一叶竹筏，在江风如酥、碧波荡漾的江面上漂流，山岭起伏、满目青翠、白鹭翻飞、渔舟点点，这是众多文人向往的诗意生活。

第一个将楠溪江写入诗歌的是永嘉太守谢灵运。魏晋时期，瓯越尚属荒蛮之地，无人问津。性喜寻幽探胜的谢灵运"裹粮杖轻策，怀迟上幽室"，畅游楠溪江，面对"澹潋结寒姿，团栾润霜质。涧委水屡迷，林迥岩逾密"的神秘幽异，写下了《登永嘉绿嶂山》。至此，楠溪江就开始了由自然景观往人文景观的转变。南朝陶弘景在楠溪江隐居，著成道教名书《真诰》；宋代名士戴蒙曾写下诗风清新畅晓的七言诗《暮春偶成》，发出了"家住楠溪欲尽头，茂林修竹不胜幽。菰蒲涨绿蛙专夜，榆叶吹寒麦半秋。修禊从教非节物，舞雩元自有风流"的感慨，充满了山居时明快逍遥的情趣。

江心屿是瓯江中的一座孤屿，如一块葱郁叠翠的宝石镶嵌在烟波浩渺的瓯江之中，底蕴深厚，文脉悠长。

唐代张子容《泛永嘉江日暮回舟》：

> 无云天欲暮，轻鹢大江清。
>
> 归路烟中远，回舟月上行。
>
> 傍潭窥竹暗，出屿见沙明。
>
> 更值微风起，乘流丝管声。

张子容在江心屿旁游船，窥见了傍晚时分"江清""沙明""竹弦声声"的动人景色，悠闲而自得。谢灵运、李白、杜甫、孟浩然等历代文人墨客，把江心屿作为采风胜地，为之吟诗题咏，留下佳作名篇无数，如谢灵运的"云日相辉映，空水共澄鲜"，徐玑的"江回风来急，山低月落迟"。江心屿，也成为一座山水诗歌宝库，被誉为"诗之岛"。

这是一条豪气之江，八百里瓯江奔腾，从高山之巅蜿蜒绵亘，舞出"浩浩荡荡向东去"的磅礴气势，秀出"青田十八弯"的迂回激荡，尽显雄浑和豪壮。

"昨夜春水深，半没山腰树。奇滩五十九，顷刻下东瓯。"这是古人描绘瓯江奔腾流淌的姿态：自源头龙泉出发，穿舞于浙南山麓之间，巡回盘踞，昂首奔向大海。正如地图上的瓯江，仿佛一条蜿蜒的巨龙，气宇含珠，绵延八百里。

瓯江八百里，源自龙泉溪。龙泉溪发源于庆元县锅帽尖西北麓，位于瓯江上游，因流水侵蚀，谷底河床加深加宽，多"V"形谷。两岸悬崖峭壁林立，险滩瀑布成群，水流湍急，景观奇特。自南向北汇入龙泉溪的支流有19条，包括青溪、南窖溪、石隆溪、八都溪、白雁溪、横溪、桑溪、豫章溪、均溪等等。

"瓯江两岸，瓷窑林立，烟火相望，江上运瓷船只往来如织。"这是对古代龙泉境内青瓷业繁荣兴旺的写照。龙泉青瓷、龙泉宝剑发源于龙泉溪一带，国家考古遗址公园大窑龙泉窑遗址就坐落于此。说起龙泉剑瓷，还有一段有趣的传说。

《越绝书》中有"楚王见剑"的记载。相传铸剑大师欧冶子为寻找铸剑圣地，遍访江南名山大川，终于在浙江龙泉境内的秦溪山下觅得一方圣地。于是，在这里搭寮棚、砌冶炉，采铁英、寻亮石，铸就"龙渊""泰阿""工布"宝剑三枚。

由此，瓯江之水的磅礴气韵与龙泉宝剑的剑气长啸交相辉映，山的浑厚，水的轻灵，龙的风骨，剑的英气，交织成厚重的历史文化积淀以及深厚的人文底蕴，激励着流域人民成为敢为天下先的先行者。而千年龙泉剑瓷精神也在时光翻跃中光芒万丈。

这是一条人文之江，奔流不息的江水不仅孕育了两岸如诗如画的旖旎风光，更孕育了丰富的瓯越文化和古老的瓯越文明。瓯江沿线人文荟萃，遗迹遍布，是瓯越文化的主要发祥地。瓯江帆影、渔舟唱晚、古堰画乡、畲家风情、龙泉瓷剑、山水诗路等等，构成了一道道独特的风景线。

古堰画乡，是兼具山水气质和文化韵味的景观，也是丽水莲都最负盛名的景区。小舟在八百里瓯江最瑰丽的河段徐徐前行，帆影重重、桨声悠悠，"遮天蔽日"的千年古樟树的枝叶在风中微微跳动，诉说着城市的文明。晋代名人谢灵运、葛洪、王羲之的登临游历，浪漫主义戏曲代表作《牡丹亭》作者汤显祖的临江而作，唐朝的李阳冰、宋代的米芾、元代的赵孟頫等历代书法家的摩崖石刻，千年经典，流传至今。

瓯江古堰，历史悠久。"堰"是古代对水利工程的称谓。建于南朝梁天监年间的通济堰，延用迄今已有1500余年，被称为"活着的通济堰"，是国家重点文物保护单位，也是国家五级旅游资源单体。通济堰由拱形大坝、通济闸、石函（三洞桥）、叶穴（淘沙门）、渠道、概闸、湖塘等组成，与四川的都江堰齐名，为我国五大古代大型水利工程之一，也是浙江省最古老的水利工程建筑，2014 年成功入选世界灌溉工程遗产。

沈尹默的《澹静庐诗剩》：

> 碧岫一弯水一渠，荆扉竹屋好幽居。
>
> 松风谡谡送清响，明月小桥人钓鱼。

早在清代，沈尹默就赞美过景宁这一方宝地。其实，景宁除了优美的风景外，还有独特的地域人文风情。景宁畲族自治县是"九山半水半分田"的地貌格局，是华东地区唯一的少数民族自治县，也是全国唯一的畲族自治县。景宁畲族最早从福建罗源迁居浙江景宁，发展形成畲族彩带、"三月三"乌饭节、图腾崇拜传说、畲族婚俗等风土人情，畲族用畲乡风情谱写了一章畲汉共富曲，形成了独具魅力的畲族文化。

两宋龙泉人文荟萃，孕育了以龙泉青瓷为典型代表的独具特色的宋韵文化。龙泉青瓷盛于宋代，入选 2009 年联合国教科文组织确立的人类非物质文化遗产代表作名录，成为唯一入选的陶瓷项目。龙泉窑是中国历史上的一个名窑，因其主要产区在浙江省龙泉市而得名。它开创于三国两晋，结束于清代，生产瓷器的历史长达 1600 多年，是中国制瓷历史上最长的一个瓷窑系。丽水龙泉市查田镇溪口村青瓷古窑址群是宋元时代龙泉青瓷鼎盛时期的重要窑场，被列为第三批全国重点文物保护单位。

灵秀瓯江，山水诗源。瓯江是一条与诗词结缘之河，无数的文人骚客在这里留下了宝贵的文学财富。从丽水锅帽尖到温州洞头岛，沿江两岸分布着众多的古遗址、古村落、古诗踪。历代瓯江沿线的万首诗词歌赋中，雁荡山 7000 多首、楠溪江 8000 余首、江心屿 1000 多首、南塘 1000 多首、瑞安 5000 多首，其中有无数以"十景""八景"闻名遐迩的浙江诗路诗村、诗山、诗岛、诗楼。瓯江山水诗路，也成为中国山水诗的发祥地。

如今，作为我省大花园和诗路文化带建设、推进全域旅游开发的重要组成部分，瓯江山水诗路文创产业乘势而上，一条条美丽的诗路正成为城市新文旅流动的底色，山水诗照进了人们的生活，沉睡的文化古韵重新飞入了寻常百姓家。人们沿着瓯江山水诗路，寻找着属于自己的诗和远方。

第二节 一库碧水惠民生

高峡出平湖，碧水惠民生，滩坑水电站如明珠般镶嵌在青山绿水间。滩坑水电站，是浙江省委、省政府提出的"五大百亿"工程中"百亿帮扶致富"的一项重要工程，是推动山区县奔向共同富裕的重要"引擎"。

2004年10月，滩坑水电站正式开工，随之而来的是一项声势浩大、艰难曲折的移民工程。移民工作是滩坑水电站建设的一项重要民生工作，事关水电站建设和百姓福祉，来自库区的83个行政村的5万余名移民，被妥善安置到丽水市境内及宁波、绍兴、台州等地。

据青田县委常委、县政府党组成员陈海民回忆，从20世纪五六十年代"滩坑水电站要建设了，不要分家，不要起灶了"，到20世纪80年代，"滩坑水电站要建了，要移民了，也不要分家了"，再到后来"不要分家了，工作组真正要来建了"，滩坑水电站承载了几代青田人的夙愿。

在滩坑水电站建设期间，陈海民历任滩坑库区白岩移民工作一片片长、滩坑库区移民工作协调组常务副组长、滩坑水电站移民工程指挥部总指挥，他亲尝了其中的酸甜苦辣，与滩坑水电站建设者们缔造了"发展第一、群众第一、奉献第一、创新第一"的滩坑精神，开创了"滩坑经验—青田模式"。

"流血流汗不流泪，掉皮掉肉不掉队"，这是滩坑水电站建设者的真实写照。门难进，多试几次；脸难看，笑脸相迎；话难说，用行动见证。据记者王家明、周立军采访，有的干部为与村里从事打铁的移民老汉搭话，竟买了打铁铺的 5 把菜刀；有的移民干部不怕山高路远，为移民采摘草药；有的自己出钱为移民购置擦皮鞋的器具，还动员片区干部照顾生意擦皮鞋，解决移民生计问题；还有的干部看着移民春耕劳力不足，主动下田帮忙。滩坑水电站建设者们就这样开始了破解难题的第一步。

春风化雨，滩坑水电站建设者们的良苦用心感动了库区移民，移民们自觉主动，及早动迁。龙泉市最早完成滩坑移民安置任务，把帮助移民致富放在突出的位置，将滩坑移民安置工作纳入龙泉市经济社会发展的总体布局来规划，确立了以"浙江省新农村建设的示范村"为移民新村标准，还引导移民发展效益农业，实行"公司＋农户"的形式，发展大棚蔬菜和反季节蔬菜。

艰难困苦，玉汝于成。6 年风雨兼程，见证了滩坑移民安置这项惠及群众的民心工程的成功实践。从搬得出、安得下、稳得住，到逐步致富，伴随着"创业富民、创新强省、共同富裕"科学发展战略的深入实施，滩坑移民的生活环境改善，生活条件和各项公共服务的共享力大大提高。据浙江省水利厅口述历史微纪录片《丰碑》采访实录介绍，移民 2020 年的可支配收入，比搬迁之前翻了 3 倍多，房屋人均面积也翻了几倍。整个集镇、村容村貌都发生了翻天覆地的变化。

据丽水市水利局副局长张映辉介绍，如今的滩坑水电站肩负着一个新的历史使命——滩坑引水项目。这个项目是在滩坑库区打一个 31 公里长的隧洞到丽水市区，把滩坑水电站的优质水引到丽水市区，辐射青田的一些乡镇。滩坑水电站既保障了防洪安全和水安全，同时也是丽水旅游的"航空母舰"，是丽水旅游的龙头。随着千峡湖的不断开发，滩坑水电站这座"航空母舰"一定能把全市旅游带动起来。

远山如黛，岁月回响。沿瓯江小溪涟涟碧水溯流而上，雄伟电站在高峡间岿然屹立，山岚飘绕，呼唤着另一颗耀眼的瓯江明珠——瓯江引水工程。

瓯江引水工程是温州城市供水的"双命脉",承担着城市应急备用供水、灌溉、河网生态补水及防洪排涝的重要作用,是目前温州引水流量最大、输水隧洞最长、投资规模最大、同期作业面最多的引水工程。瓯江引水工程设渡船头、瓯江翻水站两处取水口取瓯江水源,输水线路总长约81公里,项目建成后将实现年引瓯江水总量7.43亿立方米,使市区形成"珊溪水库、泽雅水库和瓯江引水工程"互为备用的多水源供水格局,能惠及420万人,满足温州发展中长期用水需求。

岁月苍苍,瓯江悠悠。从傲然屹立的华东第一高坝到正在崛起的瓯江引水工程,从水库建设移民的成功安置到滩坑移民的创业增收,浙江治水的道路越走越宽,群众增收致富的路径也越走越宽。

第三节　一江秀水出山来

"流珠溅玉瓯江水，争奇竞秀括苍地。"水文化，是瓯江文化中具有鲜明特质的文化因子。八百里瓯江奔腾，沿途山地丘陵绵延起伏，秀水蜿蜒，在浙南地区串联起一幅幅秀山丽水的韵味山水图。相同的环境、共同的命运，形成了流域内相同的气质和风骨，孕育了厚重的历史文化积淀以及深厚的人文底蕴。这是流淌千年的水韵文明，以强大的生命力，绵延并贯穿了流域内文化、经济、生活、民俗等方方面面。

从瓯江山水诗看山水文化发展

八百里瓯江奔腾，奔流不息的江水孕育了两岸如诗如画的旖旎风光，塑造了独特的浙西南山水诗路文化，无数文人墨客竞相吟咏，闪耀千古。

依据 2019 年 10 月正式颁布的《浙江省诗路文化带发展规划》的线路，瓯江山水诗路以瓯江—大溪—龙泉溪为主线，包括楠溪江支线、温瑞塘河支线、松阴溪支线，覆盖温州、丽水 14 个主要行政区域。沿线有温州国家历史文化名城、"三山五岳"之雁荡山、"中国山水诗的摇篮"楠溪江、"中国诗之岛"江心屿、温州五马街历史文化街区、温州塘河沿线诗意景观等重要景点。

中国的大江大河各有千秋，为何仅有瓯江才能孕育出中国山水诗路？这一切还要从南北朝谢灵运说起。公元422年秋，性喜山水的谢灵运来到永嘉做太守，发现永嘉山水奇特、景色优美。于是，他渡瓯江沿楠溪溯流而上，写下了《登江中孤屿》《登永嘉绿嶂山》《从斤竹涧越岭溪行》等26首绝美诗篇，开创了中国山水诗派，使温州成为中国山水诗的摇篮。苏东坡由此感叹："自言官长如灵运，能使江山似永嘉。"

以中国山水诗鼻祖谢灵运发端，瓯江人文渊薮，美景无数，已然成为历代文人墨客的"打卡圣地"。李白、杜甫、孟浩然、范仲淹、陆游……他们或徜徉瓯江口，或深入楠溪江、雁荡山等风景腹地，坐对清风明月吟咏不绝，笑看云深水渺，浅吟低唱，为瓯江山水留下了珍贵的诗篇和墨迹。据不完全统计，温州瓯江沿线清朝以前的诗词共6300多首，其中唐诗46首，宋诗439首，元曲13首，元、明、清诗5800多首以及唐代以前古诗25首。

诗人们心中有山水，他们有感于山水的清新脱俗、秀丽典雅、悠然舒适，认为赏玩山水能够清心明意，陶冶情操，净化情志。于是，诗人们流连于江河湖溪之上，宴饮于园池亭榭之中，放浪于山水之间，沉醉于风月之中，是非成败不役于物，名利尘俗不萦于心，在游山玩水中寻求超脱与心灵的宁静，在冥想观照中领悟人生的真谛。

瓯江山水诗是山水诗人在游览山水后，与自然对话产生的一种独特的审美感受，往往有着大体相近的结构模式：先叙事，再写景，后抒情。诗人通过"仰观吐曜""俯察含章""目既往还"等视角位移的方式，将自然山水的声、色、形、貌等样态描摹得淋漓尽致，既有卧游山水的闲适雅致、棹歌渔笛的空灵飘逸，又有临水凭吊的感伤怀古、借水喻理的内在哲思。

一个天朗气清的早晨，谢灵运为探幽索奇，放舟江中，有感而发，写下《石室山诗》。"清旦索幽异，放舟越坰郊。莓莓兰渚急，藐藐苔岭高。石室冠林陬，飞泉发山椒"，秀峰峭拔的青山、清澈见底的江流，一条清泉飞瀑，自山顶倾泻而下，山高水长、辉映成趣，如此美景，引人遐思。

然诗人笔锋一转，"乡村绝闻见，樵苏限风霄"，清澈的江流，由于地处偏远，无人赏识，只能徒自"虚泛"，空流千载；峻峭的石室山，也因地处僻野，徒自"峥嵘"，孤寂冷落。诗人情不自禁地发出了鲜为人知的叹惋之情。政治上不得意的苦闷、壮志未酬的寡欢，寄情于这一方山水之中。诗人营造了一种"山有人知，人为山醉，相得共喜，物我相融"的和谐画面，以期在求仙访道中寻找精神慰藉。

宋代诗人范成大在《满江红·罨画溪山》中以景入题，描绘了溪山明艳如画的秀美风情。"月色波光看不定，玉虹横卧金鳞舞"，诗人生动形象地将被月光照亮的一摊水比作玉虹，并赋"水"以人格化，卧于湖面之上，水中的鱼儿翻腾着跳起了舞。诗人以波光和鱼儿的跳跃衬托湖面的宁静，整个画面意境开阔，动静结合，令人神游物外。

"宇宙此身元是客，不须怅望家何许"，为全篇的点睛之笔，身为宇宙间的匆匆过客，既然此生如寄，又何必因眺望不到家乡而惆怅呢？诗人借景抒情，抒发了开阔豁达的情怀。

山水诗人在望水、临水、玩水、听水、理水过程中，赋予了山水更多的人文内涵，此时的山水已不再是简单的物化意义上的山水，而是山水诗人的情感同化与精神共鸣。瓯江山水诗的出现，使山水从作为陪衬的生活环境或作为比兴的媒介之物，转变为具有独立美学价值的欣赏对象，并以独特的思维方式，十分鲜明地透露出中华民族的特征。

刘勰曾说"登山则情满于山，观海则意溢于海"。山水诗承载着中国文人的生存智慧，它是人的自然审美达到一定程度的产物。诗人笔下的山水景物，并非单纯的物象，而是"移情"的对象，是诗人情感的外现，更是生命的升华。

瓯江山水诗路积淀着丰富、多元的文化内涵，山水是载体，诗歌是窗户。倘若漫步于瓯江山水诗路，每一回头，都能望见鲜活的岁月痕迹和城水相融、人水相亲的幸福图景。如今，诗与远方，就在瓯江山水之间。人们希望通过一江秀水出山来，让诗"活"起来，让诗路文化"流动"起来，在"诗画浙江"的大花园中演绎悠久的人文历史，见证独特的人文精神。

山水文化要发展，还要从山水诗路的文学地理时空演变说起。陈凯在《瓯江山水诗路的文学地理形态与演变》一文中指出，瓯江文学地理形态和演变，是瓯江山水诗路形成及其重要作用的体现。[①] 其实，瓯江山水诗路文学地理时空演变也是我们打造瓯江山水诗路的观照点。

自东晋永嘉郡建立后，以谢灵运为代表的众人主政永嘉郡，瓯江山水诗路由此确立。从外来诗人到本土诗人，再到群体化和平民化发展的历史进路，瓯江山水诗路不是单一和封闭的，而是内融和外拓的。随着宋代大一统局面的出现和重视文化国策的出台，瓯江山水诗的创作逐步走向繁荣。到了南宋时期，文化中心南移临安，温州文化更加繁盛。佛教文化对山水诗的繁盛也起到了助益作用。寺庙多处山水幽静之地，诗僧群体久居寺庙，面对山水幽静之景，吟咏创作，留下了大量山水诗歌的经典之作。

陈凯从流域轴线对瓯江山水诗路进行考察，结合瓯江三大干流的走势发现，瓯江流域轴线的稳定是瓯江山水诗路的重要特征，瓯江山水诗的创作和流播主要集中在山水圣地和寺庙道观，且在诗路文化带上可以找到反映诗路节点的村落。如楠溪江主要的文化特征是山野耕隐，雁荡山主要是山中佛禅，江心屿则是倾向历史抒怀，这与它们各具特色的人文化、文学化进程是密不可分的。

城市文明是文明的一种显性标志。丽水、温州、永嘉、乐清、瑞安是瓯江山水诗路的城市轴心线。城市轴心的主要文化特征包含着对山水的讴歌，如剑瓷龙泉、诗画畲乡、诗意遂昌等。城市文化在山水诗歌中被反复吟咏，山水诗也成为城市的文化坐标。瓯江山水之路，既是一条人文之路，也是一条产业之路，我们要以城市轴心为焦点，将传统与现代、历史与文化、人文与艺术、科技与信息相结合，打造全国"诗与远方"的典范，让这一江秀水走出一条文化与产业发展之路，让诗路文化真正成为流动的风景和精神的家园。

---

① 陈凯 . 瓯江山水诗路的文学地理形态与演变 [J] . 温州职业技术学院学报，2020，20（4）：74-79.

从大张坑畲族村看畲文化传承

在全国唯一的畲族自治县丽水景宁，有一个畲乡风情别有韵味的传统村落——大张坑村。村子依山而建，风景秀丽。每当"三月三"乌饭节这个畲族最隆重的传统节日，畲族百姓喜庆对歌，沉浸在一片歌的海洋之中。晚上，各家吃"乌米饭"，等到深夜时分，再进行祭祀活动。

大张坑村至今还流行着传统的畲族图腾信仰——"凤凰图腾"和"盘瓠图腾"。"凤凰图腾"源自畲族的创世神话传说"凤父龙母"。相传在广东潮州一带的凤凰山上有一只金凤凰，它吃了白玛瑙后，产下了一颗凤凰蛋，没多久凤凰蛋里蹦出一个胖嘟嘟的凤哥。凤哥由百鸟抚育长大后，历尽艰险，终于打死了大蟒，打败了猛虎，娶龙女为妻。凤哥和龙女繁衍的后代即畲族子孙。

"盘瓠图腾"源自畲族另一个神话传说。帝喾（高辛氏）与犬戎国交战，屡战不胜。这时，高辛氏下旨，谁能取得对方将军首级，许女为妻。一天，一只狗衔着一颗头颅前来领赏，高辛氏见立功者是狗，便搪塞赖婚。高辛氏之女却表示愿意与狗履约。高辛氏大怒，不许。原来这狗就是盘瓠。于是盘瓠闯入宫中，驮着王之女归隐山林，繁衍后代。

"凤凰图腾"和"盘瓠图腾"作为畲族人民的图腾信仰，融入宗教祭祀、节日庆典、丧葬习俗和日常生活中，已经成为一种畲族文化，浸润着畲族人民的心灵。

文化与一个民族的生产生活密不可分。畲族历来文化底蕴深厚。然而，随着岁月的流逝、城市化进程的加快和时代的发展，如今已经有很多年轻人不会讲畲语，更不会唱山歌，编织彩带的畲家姑娘已经寥寥无几……现实存在的一系列问题，不得不引人深思。如何传承和发展好畲族优秀传统文化，让其成为中华民族文化艺术宝库中的重要组成部分，是我们亟须重视的问题。

随着改革开放的深入和市场经济的发展，畲族文化保护和传承遇到了一些问题。首先是现实环境的变化。人类的生产方式、生活习惯以及社会结构和文化特征都可以通过人类所处的自然环境得以解释。[①] 城市化进程的加快，大批年轻人或因个人发展，或因子女读书举家迁入城市，使得畲族村落聚集性状态逐渐瓦解，传统的畲族聚居村落人口稀疏，老龄化严重。大量人口的迁移和老龄化的加剧，造成了传统畲族文化逐渐流失，传承和发展出现断层现象，如畲族语言、畲族山歌逐渐被遗忘。因此，传承和发展畲族文化不仅要治标，更要治本。要从文化内生性出发，剖析环境对文化的影响，从乡村振兴、教育保障等角度加大现实环境对文化传承的保障力度。

环境是影响人类社会和文化特征的关键因素。现实环境的变化造成了一系列连锁反应，受现代生活模式冲击，物质上的差距直接造成了畲族人民对于本民族文化保护与传承的困惑，体现在文化上表现为文化意识的淡薄。受历史地理等因素影响，畲族山区经济基础较差，畲族人民在对传统的畲族文化和外来"洋文化"的取舍上，出现了是继承还是摒弃的忧疑心态。因此，传承和发展畲族文化的首要任务是解决文化自信的问题，激发畲族群众的民族自信心和自豪感。

马克思指出，物质决定意识，经济基础决定意识形态。剖其根源，畲族文化传承不仅要解决文化的问题，还要解决经济发展的问题，培养畲族文化的经济土壤。文化品牌，是城市文化内涵与特质、文脉传承、市民文化需求、对外文化影响最为集中的载体。要充分挖掘和利用畲乡民俗文化、民族工艺等资源，将畲族原汁原味的婚俗活动、草鞋、竹篾手工艺活动等文化元素融入旅游业的发展之中，打造"民族文化品牌"，将畲族源远流长的灿烂文化转化为现实经济优势和社会效益，引导并帮助畲乡群众开拓多元化的致富之路。

"文化共生"理论主张文化之间的多元共存、相互尊重和协同发展。在众多文学艺术作品中仍然可以看到畲族灿烂文化的印迹。当前，部分畲族文

---

① 李军明，向轼.论乡村振兴中的文化重构［J］.广西民族研究，2018（5）：95-103.

化正面临传承危机，保护传统文化迫在眉睫。如畲族传统婚礼蕴含着畲族深厚、古朴的传统文化内涵，体现畲民尊重女性的婚姻观及人伦理念，是研究畲族民俗文化独特魅力的"活标本"。但受新时代时尚潮流的影响，畲族青年举行传统婚礼仪式的越来越少了，取而代之的是婚纱和西服。因此，如何从文化共生共融的角度保护和传承好畲族文化，是我们亟须研究的问题。

文化重构，是少数民族文化适应文化大环境的改变或主流文化发展而发生的文化变迁，是少数民族文化融入汉族文化的一种表象，也是文化的再创新、再创造。当前，景宁畲族的文化重构主要体现在图腾信仰、"三月三"节日、畲族民居等方面。如何在文化重构中把握好文化共融和文化传承的平衡，保持畲族文化的"本真性"、"原生性"和"创生性"，也是我们需要思考的问题。

第四章

山水文化的集大成者

——椒江流域

你从仙居天堂尖走来，

江南长城，

是你伟岸的雄姿；

桃渚古城，

是你英烈的气质。

清清永安溪，

巍巍括苍山；

六代帝王钟情于此，

一代诗仙流连忘返。

你华丽地转身，

下汤文化的光芒，

唤醒了沉睡的文明；

海上长城的光辉，

闪耀着山水的遗韵；

大陈岛的精神，

贯通了世代的血脉。

海上明珠，

山水名区。

一城山水一城诗，

满屏风景展新姿。

第一节　山海交辉奏华章

千古文化留遗韵，一代文明展新风。

椒江，浙江省第三大河，也是台州的母亲河，其入海口因状如椒，故名"椒江"。椒江主流发源于仙居县与缙云县交界的天堂尖，蜿蜒曲折，向东流经仙居县、临海市至黄岩区三江口，与永宁江汇流，出牛头颈，入台州湾，总长206公里，总流域面积5711平方公里。

椒江上游称灵江，灵江上游为永安溪，全长约141公里。永安溪是仙居人民的母亲河，被喻为"幽谷溪流"，常年清澈见底，终年不枯。"白帆如云云盖溪，竹排相接密如堤"，早在古代，永安溪航运就十分发达，食盐、布帛等重要物资从这里运往金华、江西等地，溪中白帆点点，往来船只如梭，轻若浮云，故有"南峰眺艇"之称。

始丰溪又名大溪，发源于磐安县大盘山，为天台县内最大溪流，是天台县的母亲河，也是灵江的上游源头之一。如永安溪一般，始丰溪自古通航，明末清初许君征在《溪行晚景》中写道："淡烟忽起霜天晚，溪水滔滔流不返。商贾纤夫急欲归，黄昏已渡长桥板。"诗人描写了暮色苍茫中商贾纤夫逆水行舟、着急回家的景象，由此可见当时始丰溪航运已很发达。

在台州临海,还有一座气势雄伟的江南长城——临海古城墙(台州府城墙),临海古城墙始建于东晋,全长 6000 余米,现存 5000 余米,被誉为"江南八达岭"。这是一座具有军事防御与防洪双重功能的府城城墙,也是古城风云历史的缩影。它东起揽胜门,沿北固山山脊逶迤至烟霞阁,于山岩陡峭间直抵灵江东岸,延伸至巾山西麓,依山就势,俯视大江,历经 1600 余年,见证着唐、宋、元、明、清的兴衰与更迭。

下汤文化遗址,北依八卦山,南临永安溪,是迄今为止在仙居、台州乃至整个浙东南地区发现的规模最大、保存最完整、年代最早、文化内涵最丰富的一处人类居住遗址。1984 年,我省首次在仙居县下汤村出土了大量的石磨盘、石磨棒、石磨球、环形砍砸器、流星索和三角形两端出刃石等,经科考研究,下汤文化遗址属于新石器时代遗址,这对于人们认识新石器时代早期文化的分布、各地区之间的关系及农业经济都有极其重要的意义。陶器中未碳化稻草和稻谷壳的发现,证实了台州也是世界稻作农业文明的发祥地之一。

下汤文化遗址是台州文明的发祥地,是目前台州可考的最清晰的史前文明,主要包含了上山文化、跨湖桥文化和马桥文化三个阶段,距今有 3000 至 9000 多年的历史。1989 年 12 月 12 日,浙江省人民政府正式批准下汤新石器文化遗址为省级重点文物保护单位。大量生产工具的出土,从侧面说明了下汤先民在使用工具上分工明确,已经从深山穴居迁往河湖平原。

据 2015 年的《台州日报》报道,在 20 世纪 80 年代,经王智正医师的追本溯源,在临海涌泉凤凰山麓一带的灵江,他采集到了大量古人类遗物,有石玦、石坠、石钻、石刀、骨珠、贝坠、陶鳖、陶蛙等。在这些出土的物件中,尤其珍贵的是一块上万年前的古人类头骨化石,业界称之为"灵江人",现作为镇馆之宝,存放于台州市博物馆。该头骨化石的出土,说明灵江孕育了早期的台州文明,原始先民"灵江人"早已在此繁衍生息。

三合潭遗址,是浙江省保存较好的春秋战国时期的聚落遗址,位于玉环市玉城街道西南近郊的南山村,距今 2800—2400 年。三合潭遗址内涵丰富,地处三面环山的三合潭河谷盆地，占地面积约 2500 平方米。因该盆地由兰花溪、大福溪、龙潭溪三条小溪汇流冲积而成，经常积水，特定的地理条件，为玉环岛保留下了一段近 3000 年前人类活动的历史痕迹，干栏式建筑基址保存良好，对研究浙南沿海地区商周时期的文化面貌、聚落形态具有很重要的价值。

在椒江城区东山西南麓，矗立着一座雄壮的戚继光纪念馆，馆的东西两侧分别建有四柱斗拱飞檐碑亭，亭内分别立忠字碑，二字相向，碑高 3 米，宽 1 米，碑背分别镌刻戚继光生平和戚景通（继光父）生平。明嘉靖年间，倭寇猖獗，沿海人民深受其苦。戚继光受命驻防台州，训练出了一支纪律严明、英勇善战的戚家军。6 年内，戚家军历经桃渚、海门、新河、太平等战，屡战屡捷，扫平了侵犯浙江的倭寇。

海门人民为了纪念戚继光的抗倭功绩，在城隍庙戚家军驻兵处建立戚公祠，奉以香火。除台州府城墙和桃渚城外，临海域内的戚公祠、继光街、摆酒营、埋倭桥、瞭倭山等地都是戚家军抗倭的历史遗存。如今，戚家军的英姿留在每一位后人心中，戚继光的抗倭精神早已流淌在民族血脉之中，代代传承。

第二节 饮水思源忆年华

"问渠那得清如许？为有源头活水来。"从椒江出发一路向西行驶近 40 公里，在长潭山与伏虎山之间的深长峡谷中，一座大坝横空出世，如一条长龙横亘在碧波荡漾的永宁江上。这就是台州人民的"大水缸"——长潭水库。

饮水思源。时间回溯到 20 世纪 50 年代。在那个靠天吃饭的年代，因水利设施简陋，台州一带天晴就旱，天雨就涝，闹完旱灾闹水灾，闹完水灾又旱灾，如此反反复复，没完没了。没有大型水库，水从天上来，却无处可蓄，怎么办！修建水库，改变命运，成了百姓最殷切的期盼。

1958 年 10 月 13 日，一声惊天动地的开山炮响彻天际，长潭水库工程正式破土动工。仅一个月时间，6000 多人纷纷报名投身到水库建设中，一场轰轰烈烈的战斗就此开始了！群众自带口粮、被褥、工具，脚踩草鞋住茅棚，夜以继日辛勤地干。

百年大计，千秋伟业。水库是人民的生命线。然而，在那个年代，如何在赶进度的同时又保证工程质量，这是一项严峻考验。1959 年冬天，水库建设进入了挖截水槽攻坚战的时刻。冰天雪地，群众在刺骨的溪水中挖土，非常艰难。正巧遇上了硬土层，进度也受到影响。

为了抢进度，大伙儿在距一段截水槽的开挖处还差几厘米的时候，就准备卸土。这时候，浙江省水利水电勘测设计院高级总工程师高肇俭，义无反顾地跳入截水槽，宁愿自己埋在土下，也不让水库质量有一丝影响。在水库建设的 6 年时间里，建设者们用铁锹、锄头、扁担、手拉车等简单的工具开山、挖土、运土，用自己勤劳的双手、汗水和坚强的意志战严寒、斗酷暑，以牺牲小我成就大我的奉献精神，成功地为台州人民建起了一个"大水缸"。

长潭水库管理局原党委书记、局长吴志远在回忆起那段激情燃烧的岁月时说："建设之苦之后就忘了，得到的都是自豪感和成就感！"如今，这座以防洪、灌溉、供水为主，结合发电、淡水养殖等综合利用价值的大型水库，入选了浙江省十大"最美水利工程"提名工程，不仅给台州人民带去了优质清甜的水源，也带去了财富和资源。长潭水库已经不再是一项简单的水利工程，更是一座凝结着无数建设者艰苦奋斗、自力更生、无私奉献精神的丰碑。

岁月回响，精神永存。如果说长潭水库建设带给我们的是艰苦奋斗、自力更生、无私奉献的精神源泉，那么浙东千里海塘的建设象征着浙江省委、省政府砸锅卖铁建海塘、众志成城抗台风的坚定决心，更见证着政民连心、万众一心的精神伟力。

这是一块纪念碑，是海上长城诞生的标志，是浙江水利事业发展的历史见证，更是政民连心、万众一心的象征。在椒江兼有防洪功能和休闲功能的江滨公园内，一块浙东千里海塘纪念碑巍然耸立在江畔，显得格外雄伟壮丽。碑顶青铜铸就的水牛，在阳光下翘首东望碧海蓝天，神态庄重又威严。

"镇海铜牛"是驱邪镇恶保平安的象征。浙江处在东南沿海，长期以来遭受台风、风暴潮的袭击，特别是台州沿海地区，洪涝、风暴潮灾害特别多。1994 年 17 号台风和 1997 年的 11 号台风给浙江沿海地区造成了重大的人员伤亡和财产损失，百姓深受其苦，地方经济也因之陷入困顿。面对灾情，省委、省政府毅然决定"全民动员兴水利，万众一心修海塘"，投资 50 亿元，在浙江沿海地区和钱塘江两岸建设 1000 公里的高标准海塘。

1997 年 10 月 28 日，全省标准海塘建设现场会在三门召开，掀起了海塘建设的热潮。资金不足，党员带头主动捐款集资，全县老老小小、各行各业争相筹资。群众积极性高，主动参与海塘建设，如在三门县，经常出现万人上工地的场面，人多的时候，将近 15000 人在 10 公里长的海塘坝上作业，一面面五星红旗迎风飘扬，声势浩大，场面壮观。

六敖北塘是受灾比较严重的地段，海堤线比较长，保护区范围比较广，保护人口也比较多，是三门县的中心地带。从省里到地方，各条线都比较重视修筑海塘。因此，一起修筑这条海塘的群众非常多，一眼望去，黑压压的一片，场面甚是壮观，也很感人。后人就把原来的六敖北塘叫作连心塘，说明"政民连心，全民动员，万众一心"！

斗转星移，寒暑易节。终于，台州人民用 3 年时间建起了一座长 1020 公里的"海上长城"，经受住了"云娜""麦莎""卡努"等台风、风暴潮的考验，发挥了显著的防台减灾作用和效益。

如今，海上长城"生命线"在注重防御的基础上，逐渐演变成了"风景线"，走上了"生态海塘"的发展道路。曾经风浪滚滚的防御地现已成为市民休闲锻炼的好去处，人们在开阔的广场上，看海潮涨落，载歌载舞。

沧海横流，方显英雄本色。从长潭水库到海上长城，从老百姓家中的一根水管到遍布田间地头的农村水利工程，一项项水利工程的完工，结束了"为水发愁"的艰难岁月。"坚毅果敢、严谨科学"几个大字一直刻在浙江水利的大地上，浙江水利人为民奋斗的初心与使命，以及大刀阔斧改革的决心和信心成为一代代水利人心中的价值标准。①

---

① 陈静 . 浙江治水精神探析［J］. 新时代教育，2022，28：271.

第三节　一代文明展新风

地域文化的核心，是一个地方的文化形态，也是一个地方的地域精神。椒江流域地域文化形态属于山水文化，山的刚强、水的灵动，儒、佛、道多元文化的交融，山水独特的气质和神韵，在潜移默化中影响着流域人民的生活与空间，形成了"淳朴重义、谦和明理、创新求变、讲究实效"的地域人文精神。这种精神融在城市的发展之中，成为城市特色的决定性要素之一。

从台州看山水文化的形成

椒江沿岸多奇山丽水。山水神秀的天台山，是文人墨客的必经圣地。唐朝近 300 年间，李白、孟浩然、元稹等著名诗人从长安出发，沿长江顺流而下，途径京杭大运河进入浙东钱塘江，沿剡溪溯流而上，一路行游吟咏，到达诗人们最向往的天台山，留下了或豪迈或悠闲的足迹。这就是著名的"浙东唐诗之路"。天台山也是浙东唐诗之路的目的地和终点。

天台山山海交辉，佛光仙影，引人遐想。历代大诗人都仰慕天台山，"诗仙"李白有"此中多逸兴，早晚向天台"和"龙楼凤阙不肯住，飞腾直欲天台去"之句。从早时的笃定到之后的迫不及待，诗仙李白在字里行间流露出对天台山的倾慕与神往。山水田园诗人孟浩然曾写过这样的诗句:"问我今何去,天台访石桥。"诗中的石桥就是那横跨石梁飞瀑之上的巨石。

当年徐霞客还曾行至石桥之上,记载道:"余从梁上行,下瞰深渊,毛骨俱悚。"晚唐最具影响力的诗人许浑在此流连忘返,写下了"来往天台天姥间,欲求真诀驻衰颜"的佳句。就连过着世外桃源般闲适生活的刘希夷,也神往天台山,在《春日行歌》里一吐胸臆:"携酒上春台,行歌伴落梅。醉罢卧明月,乘梦游天台。"

文人们在此或访仙修真,或礼佛修禅,或赴任访友,或隐居探幽,留下了脍炙人口的传奇之作。据了解,《全唐诗》收载的2200余位诗人中先后有400多位诗人踏上了"浙东唐诗之路",沿途留下了1500多首诗,其中讴歌天台的有近300人、1100多首诗歌。

六朝至当代,全国著名诗人歌咏天台山水的诗作不胜枚举、品类繁多。如《唐才子传》中的278位才子,有近40%到过或吟咏过天台山。众多高僧、高道,如智者大师、司马承祯等都慕名来访,赋诗流传于世。唐代诗僧寒山隐居天台山70年,与丰干、拾得唱和,写下了300余首诗。就连唐朝的帝王、嫔妃,以及前朝的将相们,也纷纷吟咏天台山,留下了琳琅满目的诗歌宝库。那么,天台山究竟有什么样的魔力让无数文人墨客乃至政坛高官如此魂牵梦萦?

天台山多峰峦,高大奇绝。唐人蔡希逸有诗云:"山上天将近,人间路渐遥。"与天相接的海上仙山又多峡谷与溪涧,山的雄浑、险峻,谷的神奇、秀丽,水的温婉、清纯,构成了山水相融的"人间圣地"和心向往之的"世外桃源"。天台山不仅有大自然赋予的独特自然风光,更是我国佛教天台宗和道教南宗的发祥地,是中外历史文化交流的璀璨明珠。

大自然的神奇造化、儒道文化的浸润滋养,孕育出了独具特色的天台山水文化,成为华夏文化大花园中的一朵奇葩。神话传说,为天台山的古、幽、清、奇增添了一份神秘浪漫的色彩。自汉代以来,无数高僧、高道、名儒在天台山隐居、修炼,留下了许多脍炙人口的经典传说。人们口口相传,使本就苍茫奇异的山水更具灵动、朦胧之美。

如唐人李绅在《新楼诗二十首·琪树》中写道："石桥峰上栖玄鹤，碧阙岩边荫羽人。"以"玄鹤""羽人"的传说营造出天台山深幽、仙气飘飘的氛围感。再如唐人章八元在《天台道中示同行》中刻画了"八重岩崿叠晴空，九色烟霞绕洞宫"的独特景色，恍若仙境。

中国历史上，文人凭借科举进入仕途，宦海沉浮，起伏不定。或仕途失意，或不满时政，文人们既坚持"志于道"，又向往内心深处的自由和解脱。于是，山水便成为寄托理想、抒发心志的最好载体。再加上天台山水的儒、道文化与当时文人们心中的儒、道追求不谋而合，文人墨客在流光溢彩的诗作中寄情山水、隐居林泉、俯仰天地。而这一方神奇的山水，自然成为诗人们得意壮游、失意治愈的理想之地，也成为众多唐朝文人魂牵梦萦的远方。

如唐代大诗人李白"赐金还山"，与杜甫、高适分手后，来四明山镜湖看望老朋友贺知章，得知贺知章已故。他在登临浙江天台山时，面对"云垂大鹏翻，波动巨鳌没。风潮争汹涌，神怪何翕忽"的云海翻涌的仙奇景象，发出了"观奇迹无倪，好道心不歇。攀条摘朱实，服药炼金骨。安得生羽毛，千春卧蓬阙"的感慨。

山水文化体现了人与大自然的精神关系。从人类社会初级阶段的自然崇拜，到山水成为宗教活动的理想场所，再到山水成为人们独立审美的对象，人与自然的精神关系，已经完成了从自然崇拜到宗教与审美的转变，由此产生了山水文化。台州山水文化的形成与发展，基于台州烟云苍茫、峰凸壑凹、瀑飞溪鸣的自然山水和天台佛影、梵音缭绕、香客络绎的佛宗道源，更发自文人墨客愤慨世事、忧念民生、洒脱隐逸的心境。

从大陈岛垦荒看大陈岛精神

将时针拨回 1955 年大陈岛解放的那一刻，国民党军队在败退时制造了当时震惊中外的"大陈浩劫"，大陈岛由此变成了一座"荒岛"。1956 年，467位有为青年响应国家号召，登上了满目疮痍的大陈岛。从那一刻起，艰苦卓绝的开荒历程开始了。

有志青年们在岛上用了 5 年时间战天斗地，将荒凉的孤岛打造成了一个充满生机的大陈岛，也由此形成了"艰苦创业、奋发图强、无私奉献、开拓创新"的大陈岛垦荒精神。2006 年 8 月 29 日，时任浙江省委书记的习近平同志专程到大陈岛考察，首次概括和阐述了"艰苦创业、奋发图强、无私奉献、开拓创新"的大陈岛垦荒精神。

大陈岛垦荒，是新中国成立初期在一穷二白的特定时代背景下发生的，大陈岛垦荒精神是社会主义建设时期传承革命文化传统的生动体现和社会主义先进文化的重要基因。"艰苦创业、奋发图强、无私奉献、开拓创新"，是大陈岛垦荒精神的科学内涵。

艰苦创业，是勤奋务实的垦荒队员在一贫如洗的情况下，利用荒岛现有条件开展生产，充分发扬了艰苦奋斗的革命作风。奋发图强，是中国共产党自强不息的精神之志，是垦荒队员实现大陈岛生产从无到有、从点到面的合理规划，是队员们万众一心、自力更生的人生态度。无私奉献，是中国共产党热爱祖国、大公无私的精神底色，是勇于担当、甘于奉献的道德情操，是队员们舍小家为大家的生动实践。开拓创新，是队员们与时俱进，敢于打破常规，敢于利用新思维、新方法的精神气质。

大陈岛垦荒精神，是中国共产党红色精神谱系的重要组成部分，与红船精神、浙江精神一脉相承。时至今日，虽然大陈岛当年的艰苦岁月已然逝去，如今的大陈岛不仅拥有波澜壮阔的自然风光，也迎来了蒸蒸日上的旅游经济，但大陈岛的垦荒精神在岁月的沉淀下依然散发着耀眼的光芒。

大陈岛垦荒精神背后体现了一种强有力的中华优秀传统文化。自古以来，艰苦创业、奋发图强、无私奉献、开拓创新是中华民族的优良传统，也是一种优秀的传统文化。这种文化在台州文化中也能找到。如比河姆渡文化还要早的下汤文化，是新石器时代人们利用生产工具改变大自然的竭力创造，体现了自强不息、艰苦奋斗的创新精神。

堪称"江南八达岭"的临海古城墙的成功修筑、戚家军抗倭的九战九胜，无不凝聚着锐意进取、自强不息的集体精神。这种精神，骨子里是一种爱国爱家的无私奉献精神、团结进取精神和开拓创新精神。而大陈岛垦荒精神又丰富了台州文化的精神底蕴，使优秀传统文化在时代变迁中汲取新的精神养分。

立足当前，我们正在向第二个百年奋斗目标迈进。站在新发展阶段的历史新起点，新征程需要新垦荒。我们要坚持以人民为中心的发展思想，以垦荒精神砥砺初心使命，以垦荒精神引领干事创业，以垦荒精神实现美好中国梦。

第五章

山水清远的诗路之花

——苕溪流域

昂首天目山之巅，

碧蓝的苍穹，

辽阔的大地，

东西两苕泽流而下。

水逶迤而清深，

山连属而秀拔。

青山翠峰相映成趣，

水天一色轻裹如烟。

梦回千年，

诗意流淌。

从"千年宋韵"到"荻港鱼文化"，

从"苕溪渔隐"到"良渚文明"，

一条千年苕溪，

一脉浙北文明，

在亘古鎏金中，

孕育着千年的伟力。

人们坚信，"苕溪兴，文化昌"；

人们期待，"新风起，文明盛"。

第一节　依山襟水靓如画

依山襟水靓如画，山水清远妙如诗。苕溪，位于浙江省北部，是浙江省八大水系之一，也是太湖的源头活水。

据明万历年间记载，苕溪因"溪岸多苕花"而得名，苕花即芦花。每到秋日，两岸芦花飞絮，如雪花飘落满溪，如诗如画，唯美清新。

苕溪有二源，出浙江天目山之南者为东苕，出天目山之北者为西苕。东、西两苕，在东部平原"欢歌雀跃"，散作千港万湖，形成密集的河网湖群，在湖州吴兴交汇成雪溪后，一路奔流，注入浩渺的太湖。沿线水逶迤而清深，山连属而秀拔，青山翠峰相映成趣，水天一色轻袅如烟。

天目千重秀，灵山十里深。天目山是苕溪流域的点睛之笔，素有"大树华盖闻九州"之誉，也是诗人们偏爱的打卡圣地。天目山呈西南—东北走向，龙飞凤舞俯控吴越，雄踞在黄山与东海之间，其地貌独特，地形复杂，被称为"华东地区古冰川遗址之典型"。天目山历史悠久，地质古老，山体形成于距今 1.5 亿年的燕山期，是"江南古陆"的一部分。特殊的地形和悠久的佛教文化，赋予了人类独特的大自然风韵与享之不竭的璀璨文化。

龙山源，坐拥千亩茶园，漫山白茶连绵，枕着西苕溪文化而生息。安吉古城是越国的重要城邑，也是秦统一后所设三十六郡的鄣郡郡治所在地。

2017 年,安吉古城和龙山越国贵族墓群考古遗址公园,被列入第三批国家考古遗址公园立项名单,陆续建成近三千亩的考古遗址公园。

东苕溪,又名龙溪、仇溪、余不溪。上源由南、中、北三个支流组成,而以南苕溪为正源。说起东苕溪,还有一个动人的传说。相传太湖龙王膝下有五个女儿。长女名叫东苕,次女名叫南苕,三女名叫西苕,四女名叫北苕,幼女名叫中苕。南苕生得最漂亮,从小被宠爱,娇生惯养,因此特别任性,经常张口闭口说:"余不。"余,古汉语为"我";"不",同"否"。于是,人们就叫她"余不公主"。

余不公主长大了,与人间的小石匠莫若良相恋并结婚。太湖龙王得知心爱的女儿竟下嫁给了凡人,勃然大怒,千里迢迢找到莫若良后,扬起手中拐杖,朝他一指,只听得霹雳一声,烈焰腾空,莫若良顿时变成了一座高山。余不公主痛不欲生,纵身向烈火扑了过去,吓得太湖龙王慌了手脚,急忙用拐杖去拦。哪知已经来不及了,余不公主也变成了一座大山。那拐杖被击落在地,变成了一条溪,将两山分离开来。苕南那座山是公山,苕北那座山叫作姥山。如今的青山大坝就筑在公山与姥山之间。而这一段苕溪就叫作南苕溪,又称"余不溪"。

如诗如画的苕溪,是文人墨客的世外桃源。历史上,苕霅隐逸文化兴盛一时。颜真卿、陆羽、张志和、皎然等沉醉山水间,创造了"苕霅"意象,将"霅水""苕霅""苕上"隐喻为隐逸之乐。隐逸,是中国文明史上贯穿始终的一种文化现象。要隐逸,必然会得意于山丘,徜徉于林泉,必然会拥抱山川、赞美山川。于是,诗人们在吟咏之间,成就了寄情于景、借景抒情的山水诗。

为何文人墨客酷爱苕溪,将此化作隐逸的代名词?常言道,诗以言志,文以载道。苕溪山水的自然清丽与文人墨客的平和心志不谋而合。元代诗人赵孟𫖯笔下的苕溪,"自有天地有此溪,泓渟百折净无泥。我居溪上尘不到,只疑家在青玻璃"。山水的清新澄明与诗人的超群脱俗,在跳动的诗符和灵山秀水中交织如画,早已恍然不知是诗人喜爱山水,还是山水钟情诗人。

妙西西塞山、南郊道场山、东林菁山等，是历代文人向往隐逸江湖的精神图腾，山势连绵，林木葱茏，烟波浩渺，桃花掩映，其意境非常符合士大夫避世离俗的情趣。张志和情不自禁有感而发："西塞山前白鹭飞，桃花流水鳜鱼肥，青箬笠，绿蓑衣，斜风细雨不须归。""苕溪五隐"在此徜徉道场山，泛舟碧浪湖，怡然自得。张羽以画家细致入微的观察、诗人敏感细腻的笔触，写尽了菁山的春夏秋冬、风霜雪雨、朝晖夕阴和山隐生活之乐。

苕溪流域"山水清远"的悠悠诗路，写满了诗人们高贵的精神风骨，其意境之美对后世产生了深远的影响。千百年后，当人们驻足苕溪，游山访古，静居山间听雨声，我们仿佛看到了"浮家泛宅，往来苕霅间"的"烟波钓徒"栖居在浩渺烟波中，若隐若现，雪后飘着几缕孤独的炊烟。

一条千年苕溪，一脉浙北文明。千年农耕文化，浸染安吉龙山源；五千年良渚文明，兴于悠悠东苕溪。江河是大地的血脉与灵魂，流淌出灵秀浙江的物华天宝，创造出厚重多姿的古今文化，在源远流长中奔腾不息。

第二节　一带诗溪寻宋韵

　　"芦花两岸晴山雪，苕水一溪春涨红。"苕溪，承载着涤荡千年的宋韵文明，在诗词、老酒、铜镜、丝绸等方面富有独特的宋代韵律，在浙江宋韵文化传世工程中绽放别样的光彩。

　　湖州，苕溪流经之地，素有"丝绸之府、鱼米之乡、文化之邦"的美誉，宋代便有"苏湖熟，天下足"之说。而近来宋韵之风的兴起，也带动了湖州宋风美学的重现。

　　回溯宋韵文化之源，正值北宋"湖学"之始。北宋安定先生胡瑗在湖州确立"湖州学法"，设立经义、治世二斋，强调价值优先，重视实践能力的培养，"措之于天下事业"，以"明体达用"的先进理念与实践路径开风气之先，由此也得以让"湖学"蔚然成风，成为江南儒学的中流砥柱。

　　正如湖州市原市委书记王纲所言，"宋代'湖学'的辉煌，历史地见证了中华文化的传承与发展，成为中华文脉的重要瑰宝"。当下，"湖学"已被植入宋韵文化传世工程，湖州专设"太湖论学"高峰论坛，以此推动"湖学"的传承与发展。

　　尔后，一场视觉盛宴——"苕上十二时辰"诞生了。100余件宋代文物再现宋人一天十二时辰内的生活、学习、娱乐等活动轨迹，全方位解读宋代

"湖式"生活。其间涉及宋人四雅、竞技，分别为焚香、点茶、挂画、插花和斗茶、投壶、捶丸。

起源于红山、良渚文化时期的香文化，经香氛缭绕的漫长岁月，到宋朝达到了鼎盛。宋人尤其喜欢焚香，将香事的诗意化、日常化推向极致。周密在《癸辛杂识》中谈及："今人燕集，往往焚香以娱客。"由此可见，焚香成为宋朝文人墨客雅集时必不可少的点缀。

一行人相聚品香读书，一边享受氤氲香气，一边读经谈画论道，惜香如金，爱香成癖，曾有"无香何以为聚"一说。香，因地取材，如法炮制，合香时如中药配伍，需观五运六气，讲究君臣佐使，达到阴阳平衡。理灰、压灰、置篆、填粉、提篆、焚香，寥寥数步，于理灰中磨去浮躁之气，于填粉中洗涤心灵，于提篆中凝神聚气，张弛有度。

静坐闻香，沉浸于合香气韵，在缥缈中，气定神闲，物我两忘，风雅至极。李清照在《醉花阴·薄雾浓云愁永昼》中写道："薄雾浓云愁永昼，瑞脑消金兽。"其间的"瑞脑"即香料、"金兽"即香炉，描写了宋朝女性日常生活中焚香的画面。

电视剧《清平乐》中，曹皇后就曾向女官董秋和学习焚香之术，并在后宫举行"焚香赛"，研制沁人心脾的"醉江寒"。《知否知否，应是绿肥红瘦》里的盛家三姐妹也擅长"焚香之术"，将它视为陶冶情操之物。

雅香千年，古韵荏苒。宋代一直崇尚物以极简为美，以"情调"为诗，将对美的追求视作一种形而上的品行修为。一缕缕轻烟淡香，氤氲缭绕着幽静雅室，渗透着中国千年文化的博远与深邃，看似翠烟缭绕，实则深入灵魂。以眼观、品尝、鼻嗅入静，在静沐中渐入禅定，在悠悠清袅中，慢慢生出一种安详与笃定，进而还内心一种彻悟与淡然。

挂画，是宋代"文艺青年"的"四艺"之一，最早是指挂于茶会座位旁的关于茶的相关画作。到了宋代，发展成以诗、词、字、画的卷轴为主，多为山水画、水墨画，以旷达悠远的意境为妙。宋朝士大夫多有收藏名家书画的喜好，名人雅士聚集一堂，相互品鉴，探讨人生哲学，这便是宋之雅事，生活美学。

南宋吴自牧在《梦粱录》中记载:"汴京熟食店,张挂名画,所以勾引观者,留连食客。今杭城茶肆亦如之,插四时花,挂名人画,装点店面。"可见,挂画不仅仅盛行于名流间,在市井人家、茶楼酒庄也颇受欢迎。

电视剧《梦华录》中赵盼儿的茶坊以"雅"为卖点,坊间环境以书画修饰,清新脱俗。其中,出现次数最多的分别是北宋范宽的《溪山行旅图》和五代徐熙的《雪竹图》。剧中设挂画场景,在深度还原宋代挂画风气的同时,也带动了市井审美,提升了整个时代的生活美学。

欧阳修在《洛阳牡丹记》中提及:"洛阳之俗,大抵好花,春时,城中无贵贱,皆插花。"因受程朱理学的影响,宋朝清雅、隽秀的时代气质反映在花卉文化中,形成了精细描绘,以花抒写理性的主流。

《邵氏闻见前录》中记载:"抵暮,游花市。以筲笼卖花,虽贫者亦戴花饮酒相乐。"可见洛阳万花会上花市兴旺,种种奇绝。宋朝的儒士们总把哲思与花木、大自然相联系,常借花材影射人格,抒发人生抱负。恰如"四君子""岁寒三友"等比拟,赋花卉以花德,以花寓意人伦教化,渐而成为宋代花艺的重心。

在中国历史上,举国上下对花卉如此热爱,也许没有任何一个时代可以与宋朝相比拟了。每年开春的"花朝节",各个社会阶层的男女老少都以簪花为时尚,商铺更是以此来装点门面,营造雅致的格调。

流传千古并为世人传颂不绝的《清明上河图》中同样出现了贩卖鲜花的场景,李嵩的《花篮图》描绘了宋人插花的全过程,四时佳兴,尽在画中寻觅,给予了当代花界极大的惊喜。

沿着苕溪一路辗转,一带诗溪寻宋韵。妙语连珠的诗人,留下了无数吟咏山水的绚丽华章。有描摹灵秀山水,谐婉高秀的;有拜访友人,真情流露的;有抚今追昔,感慨万千的;也有描绘民间风俗,浓墨重彩的。

宋代诗人陈与义在《怀天经智老因访之》中写道:

今年二月冻初融,睡起苕溪绿向东。

客子光阴诗卷里，杏花消息雨声中。

西庵禅伯还多病，北栅儒先只固穷。

忽忆轻舟寻二子，纶巾鹤氅试春风。

早春二月冰雪融化，沉睡已久的苕溪苏醒，涓涓细流，绿意萌生，生机勃勃。全诗围绕"访"字展开，意味深长，先说诗人寓居他乡，以吟诗作赋自娱，雨中观杏，闲适淡泊，后说友人天经、智老艰难困苦的生活现状。"忽"字则笔锋一转，语言从黯然阴郁顿时变得清新明快。"纶巾鹤氅试春风"，头戴纶巾，身披鹤氅，在春风吹拂下又是何等俊逸。诗人以想象结尾，一反历代诗人与友人送别时的离愁别绪，构思巧妙，清新明快。

宋代诗人苏轼在《唐道人言：天目山上俯视雷雨，每大雷电，但闻云中如婴儿声，殊不闻雷震也》中写道：

已外浮名更外身，区区雷电若为神。

山头只作婴儿看，无限人间失箸人。

苏东坡任杭州通判时，闲暇间常常登山游水，时有感悟，见于吟咏。一次登天目山，与一位唐姓道士谈笑风生，便写下这首诗作。

开篇以"已外浮名更外身"自诩，表现出其已看破世俗，有着豁达逍遥之心境。后将雷声比作婴儿的哭啼，让人眼前一亮。接着，自然而然地引出了刘备"闻雷失箸"的典故。

刘备"闻雷失箸"，源自《三国志·蜀书·先主传》，刘备巧妙掩饰自身强大的计谋，成功地欺骗了曹操。刘备之惊怖，已然不是外在的雷声本身，而是来源于他的内心深处。苏轼由此感慨，没有人能在名利面前心如止水，刘备如此，世人皆同。全诗巧妙地将首尾两种人生态度相对比，以显露他内心的崇高追求。语言挥洒自如，形成了强烈的艺术张力，带给人一种高屋建瓴的宏阔气势。

宋人吴文英在《瑞龙吟·德清清明竞渡》中描绘了一幅龙舟竞渡图，将赛龙舟的民间风俗描绘得惟妙惟肖。"大溪面。遥望绣羽冲烟，锦梭飞练。桃花三十六陂，鲛宫睡起，娇雷乍转。去如箭。催趁戏旗游鼓，素澜雪溅。"词人以如椽之笔由远及近地勾勒出争相竞渡的画面，色彩鲜艳，视觉感强。

　　一枕苕溪水，千年风雅颂。穿城而过的苕溪，昭示着千年宋韵的流动与传承。2021 年 8 月 31 日，浙江省委召开高规格文化工作会议，提出实施"宋韵文化传世工程"，立志打造浙江文化金名片。如今，宋韵文化正在慢慢走进人们的生活，滋养人们的心灵，逐渐拼接起"活力浙江""推进共同富裕"的文化谱系。

第三节　湖山争辉话文明

文明因河流孕育，受河流滋养，随河流流淌，与河流共存。从游牧文化的"逐水草而居"，到农耕文化的"临水而居"，人类文化因水而生，因水而盛。苕溪流域，作为吴越文化的腹地，千年文脉从历史深处悠悠流淌而来，形成了"近水映城、古今辉映"的城市山水轴，留下了在诗词声中梦回千年的独特城市印记。这是一种千年流淌的文明，在湖山辉映中亘古不息。

从"苕溪渔隐"看荻港鱼文化

湖州荻港，苕溪流域一颗被遗忘的水乡明珠，四面环水，河网纵横，是一个具有千年历史的水乡古村落。荻港人依水而生，以渔谋生，以鱼为文化聚焦点，历经千年垦发，用蕙质兰心和辛勤劳作开创性地设计出"桑基鱼塘系统"，开辟了土地肥沃、物产丰盈、民风淳朴的美丽村落，文人墨客纷纷来此隐居，慢慢地形成了久远的"苕溪渔隐"一说。

荻港自古以来绿桑成荫、鱼塘连片，是江南桑基鱼塘的典型，具有近千年的淡水鱼养殖历史。文人墨客的到来促使荻港从传统的单一渔业演变成渔业和鱼文化交相辉映的新业态。而鱼文化，作为一种优秀的中国传统文化，在文人墨客的诗词雅赋和民间风俗中传承不息。

荻港的鱼文化包罗万象，有饮食文化、诗词文化、民俗文化等，涉及养鱼、捕鱼、祭鱼、吃鱼、钓鱼、唱鱼歌、跳鱼舞、玩鱼赛、做鱼菜、打鱼乐、放鱼灯等。"楚越之地，地广人稀，饭稻羹鱼……"西汉著名史学家司马迁在《史记·货殖列传》中对两千年前楚越地区的"饭稻羹鱼"的饮食特色做了概括性的记录。

张科在《"苕溪渔隐"的荻港鱼文化》一文中指出，在良渚文化遗址中，发现了用麻线编成的渔网及网坠、浮标。良渚人食用的水产品，主要有鲤鱼、鲫鱼、鳢鱼、青鱼、鳖、龟、蟹、蚬、螺蛳、蛤蜊、河蚌等。由此可见，"食有鱼"的食文化与鱼文化是"你中有我，我中有你"，相辅相成，相映生辉的。①

为何鱼文化在苕溪流域的荻港会如此流行？这恐怕源于苕溪流域先民的鱼崇拜。龙，是中华民族的崇拜对象。北周庾信在《哀江南赋》中说道："草木之遇阳春，鱼龙之逢风雨。"实际上，龙和鱼都属于鳞介水族，并且龙有鱼的特点。有学者认为，对龙的崇拜是对鱼崇拜的延续和变异。在古代的故事中，鱼、龙可以互相转化，鱼是龙的另外一种形式，人们在崇拜龙的同时，也在崇拜着鱼。

"鱼龙现象"在古代一些诗文中也有提到，如张若虚在《春江花月夜》中写道："鱼龙潜跃水成文。"唐代诗人杜甫在《秋兴八首（其四）》中说道："鱼龙寂寞秋江冷，故国平居有所思。"明代李贽在《环阳楼晚眺得棋字》一诗中说道："水底鱼龙醒，花间鸟鹊饥。"清代吴伟业在《黄河》一诗中提道："白浪日崔嵬，鱼龙亦壮哉。"

其实，各地的节庆、民俗活动中多有祭祀。祭太阳神、月亮神，祭黄帝、妈祖、大禹等等，这些都是民间崇拜。而荻港的鱼祭祀就是民众表达对鱼神的崇拜之情的活动。

先民们由对鱼的崇拜而产生了鱼祭祀、唱鱼歌、跳鱼舞、放鱼灯等民间

---

① 张科."苕溪渔隐"的荻港鱼文化［J］.文化交流，2012（11）：15-17.

风俗。每年年末，桌案上放上猪头、鲤鱼、葱蒜、年糕、水果，点上蜡烛，燃起三炷清香，祭拜鱼神的仪式就此开始，渔民们虔心祭拜，表达对鱼神的崇拜，对一年丰收的感恩，对来年好年景的祈盼。朝霞下、夕阳里，曼妙的鱼歌不时地弥散在轻柔的水波里，一盏盏形色各异的鱼灯，在流光岁月里熠熠生辉。人们戴着鱼面具，跳着独具特色的鱼舞，歌唱着岁月的美好。

基于远古人类对鱼的崇拜，人们也就很容易理解荻港用鱼代表爱情这一做法了。荻港水乡婚礼少不了鱼文化的助兴，鲤鱼状的迎亲船、渔家婚宴上的鱼饭汤和各式鱼菜肴，反映了荻港人深深的鱼文化情结。当然，人们用鱼代表爱情还因为鱼与水之间难以分开的关系。如汉乐府民歌《江南》中唱道："江南可采莲，莲叶何田田。鱼戏莲叶间。"再如，婚联上"鱼水千年合"的美好祝福，都传递着鱼水情深的文化根脉。

"鱼文化"与养殖业相生相伴，是江南农耕文化的象征。鱼桑文化是荻港古村的魂，也是湖州的特色文化符号。2017年11月23日，"浙江湖州桑基鱼塘系统"在意大利罗马通过联合国粮农组织评审，被正式认定为"全球重要农业文化遗产系统"（GIAHS），鱼桑文化也渐渐走向国际。

如今，如何用得天独厚的优势，传承和发扬好鱼文化，进一步释放"桑基鱼塘"的文化内涵，激活鱼桑"共富"基因，让千年古村焕发勃勃生机，是荻港人民或苕溪流域人民亟须研究的命题。

从"苕霅意象"读隐逸文化

文化意象是借助物的载体，以象征性为特征，在深层意识中反映个体或民族的文化心理、观念和思想。"苕霅意象"，是隐逸文化的表意之象，是隐逸文人的群体性观照。

"苕霅意象"，来源于苕霅文化。我们知道水系连通常常成为文化共同体的纽带。苕溪、霅溪自天目山同源而异流，相通相汇，形成了苕霅文化。溯源苕霅文化，可以从数十万年前苕霅水系上马坎的旧石器遗址出发，沿着新石器时代的马家浜文化、崧泽文化、良渚文化的脉络传承，历经吴、越、楚、隋、唐等，随着"安史之乱"引发中原文人群体避乱南下，苕霅流域开始总结和建构以"苕霅"为母题的文化意象。

"雪溪湾里钓鱼翁，蚱艋为家西复东。江上雪，浦边风，笑着荷衣不叹穷。"一首《渔歌子·雪溪湾里钓鱼翁》，唱出了唐代诗人张志和"笑着荷衣不叹穷"的高洁志趣。张志和是苕霅文化意象的重要人物。张志和十六岁明经及第，授左金吾卫录事参军，留翰林院待用，供奉东宫，后被贬，有感于宦海风波和人生无常，弃官归隐于太湖，常在苕溪与雪溪一带，扁舟垂纶，浮三江，泛五湖，渔樵为乐。

诗人以"钓鱼翁"自称，刻画了笑迎清风、吟赏江雪、豁达乐观的"烟波钓徒"形象。与张志和相附和的还有唐代诗人张籍，其《雪溪西亭晚望》云"雪水碧悠悠，西亭柳岸头"。而唐代诗人皎然则直抒胸臆，"隐身苕上欲如何，不著青袍爱绿萝"，抒写了恬淡悠闲的高雅之趣。

"苕霅"意象，透露出来的是古代文人的"渔隐"情结。这是中国传统文化中的特殊现象，是古代文人墨客追求和向往的精神标杆，也是隐逸文化中的一种精神符号。

其实，渔隐现象一直被人们津津乐道。杨慎有《临江仙·滚滚长江东逝水》："白发渔樵江渚上，惯看秋月春风。一壶浊酒喜相逢。古今多少事，都付笑谈中。"而《楚辞·渔父》中刻画的渔父形象，是一位高蹈遁世的隐者，阅尽浮沉，洞悉世事，隐逸悠然，超然物外。

柳宗元的《渔翁》：

> 渔翁夜傍西岩宿，晓汲清湘燃楚竹。
>
> 烟消日出不见人，欸乃一声山水绿。
>
> 回看天际下中流，岩上无心云相逐。

柳宗元笔下的渔父，独自住在西山之下，早晨汲取清澈的清江水，用翠绿的、曾经浸透过娥皇女英泪水的楚竹烧火做饭，身于青山绿水之间，如白云一样随意飘浮，无欲无求，悠然自得。

相比之下，柳宗元在《江雪》中塑造的渔父形象显得更加孤芳自赏、高洁孤傲：

> 千山鸟飞绝，万径人踪灭。
>
> 孤舟蓑笠翁，独钓寒江雪。

柳宗元被贬到永州之后，借"寒江独钓的渔翁"抒发无比孤独和苦闷凄冷的心情，也表现了他毫无畏惧、不向黑暗势力屈服的坚强意志和不同流合污的高贵品质。

在中国古典诗歌中，渔父形象大都是具有政治色彩的隐士高人，这其实与诗人的心胸志向和情感需求息息相关。正如孔子所言，"邦有道则仕，邦无道则可卷而怀之"，也如孟子提倡，"穷则独善其身，达则兼济天下"。渔父们虽然远离朝堂，隐居山水间，但是他们仍心存社稷，先天下之忧而忧。

渔父的隐，是一种大隐，当逐渐由个人的处世方式扩展为群体的生活模式，由个人的随意行为衍化出群体的人生理论时，隐逸的物质实践和精神实践发展到了一定程度，自然而然地形成了一种群体文化，隐逸文化中的"苕溪渔隐"也就呼之欲出了。

"渔隐"题材的山水画，也是隐逸文化中的一部分。自古以来很多画家都画过渔隐图，如唐代画家张志和的《渔隐图》、明代唐寅的《溪山渔隐图》、南宋画家马远的《秋江渔隐图》、元代画家唐棣《归渔图》《烟波渔乐图》等等。

"一蓑一笠一扁舟，一丈丝纶一寸钩。一曲高歌一樽酒，一人独钓一江秋"，山水画中的渔父，乘着一叶扁舟逍遥于江上，顺着江流，飘飘荡荡，或有"斜风细雨不须归"的惬意，或有"千里水天一色，看孤鸿明灭"的孤独与伤感，这也是文人心中期盼向往的隐逸生活。

"渔隐"题材的山水画发展到南宋时期，开始在画面中追求诗意。随着这种心境的改变，画面中的人物也有所改变，从北宋时期带有生活气息的渔父等形象向高士转变，审美趣味也逐渐从注重现实生活向表达自我情感过渡。这是画家托物言志的结果，他们希望通过渔父形象表达自己所体悟到的人生哲理。但是，不同时期的文人所体悟到的智慧是不同的，因此，他们笔下的渔父也表达了不同的意境。

从"东苕溪之变"观良渚文明

流经良渚的东苕溪是太湖的主要水源，它不同于其他河流以自然形成为主，而是历代先民们为兴利除害，在自然水系的基础上，不断因地制宜地改造而成。距今5300年，良渚的先王们率众从太湖之滨沿着苕溪走来，沿着山岗集群聚居，并开始统一规划，修筑城墙和水坝，从而开启了良渚古城千年的辉煌。

随着生产力的提高，社会组织能力的加强，人们不再依山傍水地简单生活。在湿地的边缘，良渚人堆筑起了许多人工台地，大规模地规划营建村寨聚落，"神王之国"由此诞生，良渚文化因此形成。

良渚文明，是中华文明星辰大海中一颗耀眼的巨星。从综合的指标评判，古代文明是指古代社会的进步状态。如果以物化的维度、传统的生产力、生产关系和意识形态的逻辑反观良渚文明，我们可以发现水是文明的起源，水利是文明的支撑，同时也是文明的要素之一。

良渚古城处于湿地环境，虽然依山傍水，但水患较为严重。良渚先民们为了生存、发展，创造性地规划和构建了庞大而复杂的水利系统，形成了我国最早的水利系统和世界上最早的拦洪大坝工程。打井修渠、灌溉农田，是良渚文明诸氏族部落在河姆渡、马家浜、崧泽文明之后发展农业的又一重要成就。2010年，在良渚古城的东城墙外一处叫"美人地"的遗址发掘中，考古人员首先发现了一条通往古城的48米宽的东西向河道，并在河道两岸发现了一处临河而居的建筑遗址。

坐落在遗址北侧的塘山土垣与天目山余脉及东苕溪走向完全一致。塘山遗址南起瓶窑栲栳山与南山，北到彭公的毛元岭转弯向东，全长10余公里，与大禹治水的疏堵结合有着相通之处，一经发现，便被考古界、学术界认定为"中国水利第一坝"。

先民们在原彭公乡北去湖州、西去安吉的三岔路口，向西顺山势走向，利用山与山之间的山凹处，人工堆筑了一道防洪大坝"彭公大坝"。彭公大坝巧妙的防洪功能，是良渚文明得以发展繁荣的又一个重要屏障。

赵晔在《良渚：中国早期文明的典范》一文中指出，良渚古城是土筑文明结出的硕果，良渚地区的大部分土建工程，都是都城架构的一部分。与普通的防护性城址不同，良渚古城的布局、结构和规模都显示了早期国家形态的都城气象。它是王国政治生态的地理象征，是史前社会发展的一个重要里程碑。①

作为国家的物化形态，都城隐含着社会组织、等级秩序、管理机制、公共权力等诸多文明内涵。因此，它其实是史前社会最重要的文明标志。恩格斯在《家庭、私有制和国家的起源》中指出："国家是文明社会的概括。"恩格斯的观点清楚地表明了国家形态下的社会，各方面的文明程度具有普遍性和整体性的高度。

千年梦回觅遗迹，湖山争辉话文明。良渚文明的出现以及"神王之国"的建立是早期中国古代文明形成的重要实证，也是中华五千年文明史的源头活水。如今，良渚古城遗址已成功列入《世界遗产名录》，良渚文化在保护传承中释放着古老文明的现代魅力。历史文化与现代文明的交相辉映装点着城市的繁华。

---

① 赵晔. 良渚：中国早期文明的典范[J]. 南方文物，2018（1）：69-76.

第六章

海上诗路的启航之地

——甬江流域

你从四明山走来，

奔向东海之滨；

你从海上起航，

惠泽东南各地。

千年风雨飘摇，

一颗古老的稻种，

萌发了河姆渡文明的芽苗；

一条文明的丝路，

成就了丝路文化之魂。

千年的遗址，

闪耀着先民的智慧；

浙东的鸿儒，

书写着经世致用的传说。

人们希望，

铸浙东之梦，

创万世辉煌；

人们期待，

继往圣绝学，

享九州繁盛。

第一节 山水神秀春满园

滔滔甬江，集百川而汇东海，聚甘霖而润万物。

甬江，汇聚着巍巍四明山脉的秀水灵气，浩浩荡荡在镇海招宝山注入辽阔的东海，是我国东海独流入海河流，也是浙江省八大水系之一。

距今 6000 年左右，随着海水退却，奉化江、姚江相继形成，并在现在的宁波市区三江口汇合成甬江。甬江于此入海，海岸线在三官堂一带，入海口距三江口约 8 公里。

距今 4000 年，随着海水继续下退和泥沙淤积，海岸线延长至镇海一带，甬江亦随之延长，入海口距三江口 22 公里。甬江因宁波简称"甬"而得名，它从姚江源头到镇海出海口长 133 公里，自奉化江源头至镇海入海口长 118 公里，流域面积 4518 平方公里。

在甬江的干流上，有一座古代明州港江海通航的水运航标——天封塔。这是一座江南特有的仿宋阁楼式砖木结构塔，具有宋塔玲珑精巧、古朴庄重的特点。说起天封塔的由来，在民间还有一段动人的传说。

相传，在甬江、姚江和奉化江的三江交叉汇合地，镇海招宝山外，有一条兴风作浪的鳌鱼精，致使宁波一带水患频频，民不聊生。这时候，四明山上的老石匠，眼见鳌鱼精作恶，深恶痛绝。有一天清晨，他抬头望见四明山山顶金光闪闪，于是就爬上山顶，发现竟是一颗鲜红鲜红的宝石在闪光。于是，他用了七七四十九天，终于把这颗宝石凿成了一颗闪闪发光的宝珠。

老石匠手拿着宝珠下山，恰巧赶上那条鳌鱼精兴风作浪。老石匠用宝珠一照，鳌鱼精立即往海底逃遁。老石匠穷追不舍，鳌鱼精最终身亡。霎时间，海水退却，江上一片宁静。为了保存这颗宝珠，老石匠决心要在宁波城中心造一座塔。老百姓听说后纷纷前来帮忙，终于在第二年宝塔造成了，这颗宝珠被安放在最高的一层。从此，这座塔和塔上的宝珠成为镇邪之物，而天封塔也成为"海上丝绸之路"的重要文化遗存。

甬江历史久远，支流众多，古称大浃江，由奉化江和姚江两江汇集而成，源头均来自浙江东部四明山脉。历史上，咏颂甬江的诗词不胜枚举。奉化江因流经宁波市奉化区而得名，沿线有蒋氏故里、张学良幽禁地、武岭门、妙高台、文昌阁、丰镐房、玉泰盐铺等历史建筑，被列为全国重点文物保护单位。"青林白石三溪口，斑笋黄梅四月头"，宋代诗人戴表元在《奉化城西三溪口》中描摹了繁忙的黄梅农景，为奉化江增添了几分人间烟火气。

而宋代另一位诗人释正觉的七言诗《题奉化西峰院》描绘了另一幅禅意画面："水流百折山苍苍，古寺秋容横野航。明月初濡寒露白，篱花似趁重阳黄。"诗人以奉化西峰院附近美不胜收的仲秋景色入题，刻画了诗意禅味的人生，"道人心已老松石，学子胆须磨雪霜。默默澄源坐兀兀，游鱼沙鸟静相忘"。一片禅心禅意，意境优美，韵味深长。

甬江的另一条支流姚江，则有"山如碧浪翻江去，水似青天照眼明"的非凡山水，更有"姚江千里海汐应，山井亦与江潮通"的磅礴气势，令人惊疑此间山水是不是仙境蓬莱。而梅尧臣一句"高堂有亲甘可养，下舍有弟乐可同"又明点此番正是烟火车马留影处、凡尘俗客安乐乡。怪不得南宋诗人曾发出"霜螯玉柱姚江上，作意三年醉月华"的感慨。

甬江多支流，自然多河湖，不少名湖都坐落于甬江水系之中。见过九龙湖"九龙争珠战渊底，洪涛万丈涌山起"的汹涌澎湃，方知灵湖"秋阳汎汎流清晖，帆腹不张旗脚垂"的平波安澜；访过白洋湖"夕阳湖草动，秋色渚田宽"的斜阳残照，品味梅湖"昨日北湖梅，开花已满枝"的一夜花开。甬江水系河湖不仅是奔流江水的栖息之所，更是浮游浪子的文墨之寄、精神之托。

宋代诗人王应麟在《东钱湖》一诗中对东钱湖有如下工笔描绘：

> 湖草青青湖水平，犹航西渡入空明。
>
> 月波夜静银浮镜，霞屿春深锦作屏。

无独有偶，宋代诗人史浩游历东钱湖也写下了经典诗作《东钱湖》：

> 行李萧萧一担秋，浪头始得见渔舟。
>
> 晓烟笼树鸦还集，碧水连天鸥自浮。
>
> 十字港通霞屿寺，二灵山到月波楼。
>
> 于今幸遂归湖愿，长忆当年贺监游。

山水古镇，流霞浓春，东钱湖的美跨越四季，流贯古今，时至今日依然绽放着无限光辉。怪不得明代诗人李堂在《东钱湖绝句（其一）》中大赞"东湖风景过西湖"！

"远帆连海气，短烛接寒宵"，甬江作为接海之江，连东海，贯宁波，望舟山。秦时徐福渡东海，至蓬莱仙岛寻长生不死药的传说，更为这片海、这条江增添了神话色彩。而如今，甬江直连宁波—舟山港，成为海运同内陆交通的重要交接点，更是"江中豪勇"。

甬江作为"神话英雄"，引得诗人文客心荡神驰、遐想无限，成为海上诗路的启程地。甬江流域的诗词正是探寻诗词之海的重要源流，引渡着每一位寻诗客、找词人。以诗为舟，以词为棹，复寻明珠，秋水浮萍。

它山堰，由唐代太和七年（833年）县令王元暐创建，现位于浙江省宁波市海曙区的它山，与郑国渠、灵渠、都江堰合称为我国古代四大水利工程，是中国古代劳动人民智慧的结晶。它山堰，历经千年而不衰，在阻咸、蓄淡、排洪、引灌方面发挥了巨大的作用，于2015年10月入选世界灌溉工程遗产名单。

它山堰对人类文化产生了极大的影响，形成了独具特色的它山文化。宋代无名氏在《它山堰》一诗中惊呼："谁将倚天剑，屡出天河水。倾演落人间，合流奔至此。"尔后，宋人应焩、陈坰、薛叔振、楼钥、魏洽等都不约而同地描写了它山堰"十里犹闻震地雷，海神惊惧勒潮回"的雄伟气势。

第二节　海上蓬莱定乾坤

这是一条智慧之路，用千年度量时光，用万里丈量跨度，茫茫大海，一定乾坤，历久弥新；这是一条文明之路，探索的勇气、开放的胆魄、通达的梦想从这里起航。

海上丝绸之路的形成历史

"丝绸之路"是德国地质学家李希霍芬于 1877 年提出的，原指中西陆上通道，因主要贸易丝绸，故名。此后学术界又延伸出"海上丝绸之路"一词。

宁波古称明州，河海交汇，是通往东海的枢纽，是海上丝绸之路的重要起点，历史悠久，资源丰富。其实，宁波的先民们与海洋的渊源，早在那堪称"中华第一舟"的独木舟上便已开始。宁绍平原北端的跨湖桥遗址发现8000 年前的独木舟，表明早在 8000 年前，宁绍地区的居民就已经开始驾舟活动于水上。河姆渡遗址出土的木桨、独木舟遗骸、陶舟等珍贵文物和金枪鱼、鲨鱼、石斑鱼、鲸鱼等海洋鱼类，说明宁波一带海上活动十分频繁。

春秋战国时期，越王勾践为了加强与海外联系，开辟了通海门户句章港。句章港成为当时全国九大港口之一，也是宁波最早的港口城市。林士民在《浅谈宁波"海上丝绸之路"历史发展与分期》中指出，宁波的海外贸易发端于东汉晚期，也就是公元 3 世纪左右。这从宁波火车站、道士堰等地汉墓中出土的水晶、玛瑙、琥珀、玻璃等外来文物中可以考证。[①]

到了唐代，以上林湖为中心的越窑青瓷的高度发展，促进了"海上瓷器之路"的形成。明州商团活跃，经济文化的繁荣使明州港踔厉奋发，跻身为全国四大港口之一，成为唐王朝"东亚贸易圈"的水上明珠。宋元时期，宁波依旧地位坚挺，尤其是宋代，宁波更是成为朝廷指定通往日本、高丽的特定港口。天封塔地宫出土的 140 余件佛教文物，反映了宋代佛教文化的流播。明清时期，宁波在海禁中扮演了十分特殊的角色，不仅海上港口地位稳如泰山，还是全国四大海关之一。在"经世致用"的浙东学派的熏陶下，宁波成为中国东南都会。

细数那些缤纷的海丝遗迹

途径阡陌，江河海洋。在这条漫长的海上丝绸之路上，商人跨海营生、信徒追寻经典、使者交流文明，历经千年，形成了博大精深的海上丝路文化，留下了涵盖政治外交、经济贸易、港口交通、宗教文化、思想学说、教育卫生、民间习俗等方面的诸多海上丝绸之路文献及文物史迹，更传承了"和平合作、开放包容、互学互鉴、互利共赢"的海上丝绸之路文化基因。

散落在宁波各处的海上丝绸之路古迹，见证了宁波悠久灿烂的海上丝绸之路文化。保国寺肇始于东汉，创建于唐，作为浙东名刹，坐落于宁波市江北区灵山山腰，古木掩映，碑石林立，系江南地区保存最完好的宋代木构建筑群，有"江南一绝"的美称。朱婧曾走近海上丝绸之路申遗点宁波保国寺，探寻千年古刹的历史谜团，发现保国寺结构繁复的木结构建筑，"鸟不栖，虫不入，蜘蛛不结网，梁上无灰尘"，历经千年却很难见到鸟窝、灰尘、蜘

---

① 林士民 . 浅谈宁波"海上丝绸之路"历史发展与分期 [C] // 宁波与"海上丝绸之路"国际学术研讨会论文集，2005：48.

蛛网等。

据保国寺古建筑博物馆书记、副馆长徐学敏介绍，明州是当时我国港口和造船业最发达的地区之一。与建筑技艺一脉相承的造船技艺率先经海上丝绸之路走出国门，为随后的宗教、建筑等文化交流提供了必要的交通工具。当宋元时期宁波成为海上丝绸之路重要枢纽时，宁波地区的宋代佛寺建筑也对日本及韩国的佛教建筑技术与艺术的发展产生了重要影响。

保国寺大殿作为现存唯一的该时期实物遗存，对比同时期的日本木构建筑遗产，特别是禅宗建筑式样，在建筑式样、梁架结构、细部装饰等方面存在较大的相似性。对比与保国寺大殿同时期的韩国木构建筑遗产，尤其是柱心包建筑式样，其斗拱布置方式也有诸多共同点，带有明显的中国宋代该地区的建筑特色。

保国寺的寺院建筑布局，完整地保留了对日本佛教建筑影响深远的"山门—佛殿—法堂—方丈"传统格局。因此，保国寺大殿堪称江浙地区木构建筑文化影响日韩的实物例证，是11世纪东亚建筑文化交流圈建筑营造技艺的杰出典范。千余年来，保国寺静立于山岙之中，珍藏于古林与白云生处，见证着海上丝绸之路的繁荣与昌盛。

海上茶路启航地，坐落于江厦公园北端古明州码头遗址，占地6000多平方米。沿江茶叶形船体寓意一叶扁舟，船栓群见证沧海桑田的历史变迁和往昔桅樯林立的繁荣景象。唐宋时期，明州是中国对外交往的主要港口，茶叶、茶具、丝绸等物产源源不断地输出至世界各地。据著名考古专家林士民考证，唐贞元二十年至二十一年（804—805年），日本佛教天台宗创始人最澄随遣唐使来到宁波，并在浙东一带学习佛法，后携带天台山、四明山的茶叶和茶籽从明州回日本，这是中国茶种传播海外的最早记载。林士民查阅《日吉社神道秘密记》等书发现，最澄首次将茶籽传入日本。这些茶籽种植的地方就是比睿山，山麓还竖立着"日吉茶园之碑"。

2001—2002年，我国古代地方城市大型仓储遗址宁波永丰库遗址首次破土面世。这是一座宋、元、明时期大型衙署仓储遗址，位于浙江省宁波市中

127

山西路北侧唐宋子城遗址内，上承南宋的常平仓，下启明初的宏济库，是官府收纳诸色税赋和存放罚没钱物的重要场所，见证了几百年前宁波海运贸易的繁盛。

"谯楼鼓角晚连营"，元代诗人陈孚的诗句，体现了鼓楼在我国历史上的特殊地位。宁波鼓楼始建于唐长庆元年（821 年），已有 1100 多年历史，是宁波历史上正式置州治、立城市的标志。

站在古砖旧石前与历史对话，从 7000 年前河姆渡的独木舟到对日本佛教建筑影响深远的保国寺，再到流传深远的海上茶路启航地，海上丝绸之路的千年繁华，向世人昭示着一种开放的胸襟和探索奋进的精神。2013 年 9 月至 10 月，习近平主席在出访中亚和东南亚国家期间，先后提出了共建"丝绸之路经济带"和"21 世纪海上丝绸之路"的构想。向海而生的浙江人利用高速公路、海铁联运等，建立无水港，将腹地推向大陆深处，形成了开阔的面朝大海的大宁波气象。2013 年，宁波—舟山港成为全球首个 8 亿吨港，位列全球第一。

2015 年 6 月，由浙江万里学院与北京外国语大学合作共建的宁波海上丝绸之路研究院正式成立。2020 年，由国家文物局、浙江省人民政府主办的首届"2020 丝绸之路周"活动正式诞生，一直延续至今，向世界积极展示中华丝绸文化。致力于促进东西方文化交流和民族多元融合，浙江联合英国、美国、俄罗斯等国家的 40 余家博物馆，共建"丝绸之路数字博物馆"，联合丝绸之路沿线 20 个国家的青年代表，发起《丝路沿线国家青年争做丝路文明传播者的倡议》。

跨越千年，梦想唯新。浙江始终以先行者的姿态书写着丝路传奇，源于互鉴、共享，发于兼利、共赢，盛于通达、开放，美在和平、和谐的新时期海上丝绸之路将再次逐梦传奇，一定乾坤！

第三节　一枝独秀润年华

水韵悠悠，荡漾文明底色。一座城市，有了水，就有了灵性与韵律；一个民族，有了水，就有了气度与风骨。甬江流域水文化历史悠久、形态多样，在厚重的历史中推动着流域人们从封闭走向开放，从乡村走向城镇，在文化的绵延流传中彰显了水与城市源远流长的关系。

从河姆渡文化中的水韵文明看文化传承

7000年前的河姆渡文化，孕育了宁绍平原远古文明的第一缕曙光。1973年，宁波余姚市河姆渡镇的村民在翻修水站的过程中发现了河姆渡遗址。在河姆渡遗址考察中，考古学家发现了由一排排木桩、圆木、木板组成的干栏式建筑群，向人们打开了一个研究史前文明的新窗口，为研究农业、建筑、纺织、艺术和东方文明的起源提供了极其珍贵的史料。

水是人类文明的源头，正如世界上四大文明古国都诞生在大江大河旁，人类文明的发祥和发展都离不开水。河姆渡文化诞生于甬江水系，蕴含着丰富的水文化，闪耀着厚重的水韵文明。

在以前，学术界一般认为亚洲稻作起源于印度，我国的水稻是从印度引进的。其实不然，河姆渡遗址向世人展示了灿烂的原始农业文化。遗址中出土的大量稻谷遗存及陶器、石器、木耜、骨耜等农耕工具，证明我国早在7000多年前就开始种植水稻，比传说中的神农氏栽种水稻早2000年，比早先认为世界上最早栽种水稻的泰国奴奴克塔遗址出土的水稻还要早数百年。可见，我国是世界上最早种植水稻的国家。

人类最早的"防洪"住宅，是河姆渡遗址出土文物中的一大亮点。考古人员在遗址第三、四层文化层中，发现了大量木结构建筑遗迹，纵横交错，蔚为壮观。经鉴定，河姆渡遗址出土的1000多件木结构建筑构件，是至今发现的最早的"干栏式"建筑。其中，最大的一幢长23米，面积在160平方米以上。下为成排的木桩，木桩上架设纵横交错的地梁，在地梁上敷设带有榫口的地板，地板距地面0.8—1.0米，再在地板上采用榫卯构成"半楼式"木屋。这种带有"架空层"的住宅，既可防止野兽侵袭，又能防止屋内潮湿，下大雨时还能防止洪水进屋。

河姆渡遗址第二层有一眼5600年前的木构浅水井遗迹，这是目前发现的中国历史上最早的水井遗迹。水井位于一处浅圆坑内，井口方型。在井的内部，古人在四壁栽立了几十根木制的排桩。排桩的上端平放着长圆木，构成了井口的构架。这是迄今为止发现的采用竖井支护结构的最古老的水井遗存。

考古人员还在直径约6米的范围内，发现了28根呈圆形分布的栅栏桩。同时，在井内还发现有平面略呈辐射状的小长圆木，还有一些苇席的残片。经过专家的复原，人们发现，原来古人还在这口古井上盖了一座井亭。如此一来，水井就能避免受到风沙、雨水等外来污染，水质得到了进一步的保障和提升。水井亭的出现，证明了古人在水资源开发利用上还是非常讲究水源质量的。

驾驭舟楫，是水上运动必备的技能。在河姆渡遗址中，考古人员发现了河姆渡人制作的两件模仿独木舟的陶舟玩具。它们出土在早中期文化层内，质料为夹炭黑陶，其中一件为方头长方形独木舟，另一件舟体看起来好像半个月亮，俯视略呈菱形，两头稍尖而微上翘，头部下还附有穿孔的小耳，形态逼真。这两件精美的陶舟艺术品，反映了河姆渡人在早期就能制作舟船。在该遗址中出土的大量水生动物遗骸，也能带给我们有关河姆渡人对水上交通工具的需求信息。可见，早在 7000 多年前，舟楫已经成了先人的水上交通工具或生存的技能载体。

距今约 7000 年的河姆渡文化，证明了长江流域和黄河流域同为中华民族远古文化的发祥地，是公认的中国新石器时代考古的一个重要里程碑，被写进了历史教科书。河姆渡文化是中华文化瑰宝，必须高标准高质量抓好遗址保护利用工作。

当前，以河姆渡遗址为核心的社会影响巨大，但对河姆渡文化的深层次研究有待拓展，特别是它的分布范围、文化源头和干栏式建筑单元形式、聚落结构、稻作农业在社会经济中的地位等关键问题一直未能取得突破。

因此，要加强河姆渡遗址保护和价值研究，从马克思主义文化遗产观出发，探明河姆渡文化遗存的时空分布规律，处理好全面调查、适度发掘和积极研究、保护、利用的关系，将埋藏于地层里的古代文化遗存，与当代经济社会发展相联系，与文化传承和创新相联系。

要建立健全大文物保护格局，深入谋划，高质量高起点进行河姆渡考古遗址公园规划，突出四个遗址不同的个性和特点，强化要素保障，既要体现农耕文化，又要体现海洋文化。

要用河姆渡故事讲好东方文明，使 7000 年的文化遗产焕发出新的活力与生机。要转变文化观念，河姆渡遗址不等于河姆渡文化，要在近 50 年发掘、研究的基础上，做好河姆渡文化遗产的保护与传承、创新与转化，提炼河姆渡文化特质，弘扬河姆渡开拓、创新的精神，重新擦亮"河姆渡"这张文化名片。

要加强河姆渡文化产业研究，以水文化、农耕文化为主要特征，以文化产业链延伸建设特色文化小镇。以河姆渡遗址公园为中心，打造生态型河姆渡文化品牌和产业园，还原建设河姆渡农耕文化园、石器时代体验区、河姆渡稻作体验园等多层次主题园，营造河姆渡文化气息，再现河姆渡史前文明。

从宁波历史上的治水功臣看水利精神传承

穿越历史长河，一曲曲治水的壮歌，感人肺腑；一幕幕治水的往事，千载流传；一代代治水的能臣，名垂青史。

屹立千年的它山之堰，诉说着千年不老的它山精神。相传1700多年前，鄞江群峰耸立，层峦叠嶂，"溪通大江，潮汐上下，清甘之流，酾泄出海，泻卤之水，冲接入溪"。每到春秋之际，大雨如注，山洪暴发，"来则沟浍皆盈，去则河港俱涸，田不可稼，人渴于饮"，黎民百姓深受其苦。

唐太和七年（833年），王元㙔任鄞县（今宁波市鄞州区）县令，为根治水患，他深入四乡体察民情，"历览山川，相地之高下，察它山水道所历乃喉咽之处，拟筑堰以断咸潮"，以化水害为水利。这年初夏，经过一番筹备，它山堰水利工程正式上马。在王元㙔率领下，四明山下的百姓众志成城，在巨流之上截溪筑堰。

但是，鄞江水流湍急，在几十丈宽的江面上造一座大堰，最难的工程就是打基桩。在建造它山堰的过程中，打了三天三夜的基桩，几十条木桩都漂走了，连一根也没打成功。这时候，一位宁老太公开口了："如果有人愿意牺牲性命，用人的热血就可以把基桩凝固在江底。"人们静默一片。突然，从人群中站出几十位后生，异口同声地说道："我！""我愿意！"后生们纷纷报了名。

第二天，人血打桩开始了，姓赵的大兄弟带头，第一个被绑在大松木的尖头，随着桩木徐徐沉入水底，巨大的锤头敲击着桩木顶端，桩尖染着火热的鲜血，牢牢钉在水底的沙石中。水面上，泛起一圈圈红波纹。第一桩成功了！紧接着第二位、第三位……第十位兄弟也下去了，十根桩都打完了。

它山堰终于造好了，宝贵的鄞江水终于流入人工开挖的内河，灌溉着鄞县西乡的田地。鄞西一带，从此成了著名的米粮仓。后人为了纪念王元暐和这十位为公献身的热血兄弟，在它山堰的北岸造了一座它山庙，以表彰其修水利、治水患的巨大功绩。

一城山色半城湖，被誉为"西湖风光，太湖气魄"的东钱湖，写满了诗性的美。然而，东钱湖的美不是一蹴而就的，浸染了北宋王安石的水利情怀。

1000 多年前，东钱湖丧失了灌溉机能，百姓苦不堪言。满怀济民之志的王安石，在遍访民情、掌握第一手资料后，决定将疏浚东钱湖作为一项重点工程，他随即上书两浙转运使，陈述水利之要，制定治水规划，提出实施恢复湖界、加深湖底、围筑堤堰和设置碶闸等措施，动员 10 万民众投入水利修复。

东钱湖得到前所未有的疏浚，解除了鄞县、镇海七乡农民的水旱之苦，重新成为造福于民的"万金湖"。为纪念王安石治理东钱湖的功绩，明嘉靖年间当地百姓建造了"王安石庙"。20 世纪末，东钱湖畔又临湖修建了王安石公园，王安石所著《鄞县经游记》刻成的碑文，立于公园内。

与前两位"少壮派"治水功臣不同，宝祐四年（1256 年），南宋吴潜到任宁波时，已年逾花甲。然而，他一踏上宁波这片土地，便把目光坚定地投向了治水大业。他潜心研究各地水闸开启和闭合的最佳点位，利用平水的原理，在月湖平桥河创建"水则亭"，北平桥下设"水则碑"，镌刻"平"字于石上，当水面涨没"平"字上横，表示到了水位警戒线，宁波城内外河道的碶闸就要开闸泄水了，成为全城统一的"水则"标识。如今，水则碑成为我国古代城市水利工程的宝贵遗存，也为研究水利发展史和建设城市排涝防洪工程提供了重要的启示。

从一心为民的鄞县县令王元暐到无私奉献的它山十兄弟，从满怀济民之志的王安石到潜心治水的吴潜，真实故事也好，民间传说也罢，彰显了一代代水利人致力于水利千秋事业的豪情壮志。水利兴则天下定，仓廪实则百业兴。中国作为典型的农业大国，兴修水利历来被视作治国安邦、造福于民的大事。一部兴水之利、除水之害的治水史，贯穿了整个中华民族的发展史、文明史。

水载历史，传承不息。它山堰历千年而不衰，东钱湖润万民而不竭。一部浓缩的水利史，就是一部水利精神的传承史。如今，濒水而居、因水而兴的甬江流域，江海互通，河网密布，气势磅礴。那一脉奔腾不息、注入东海的江河之水，涵养河姆渡史前文明的曙光，赋予海上丝绸之路以灵气，促进沿线城市的兴盛和文化传承，勤劳的流域人民对水的认识、开发、利用、治理和保护未曾停止，一曲曲动人的治水弦歌亘古不辍。

第七章

文墨相传的蓬莱仙境

——飞云江流域

你从白云尖走来，
如一条黄龙，
盘旋在青山之间。
你向苍天呼唤，
如一声惊雷，
翻腾起骇浪无数。
天下第一瀑，
千年古津渡。
山是你的脊梁，
水是你的灵魂。
八百年文墨相传，
你创造了世界遗迹。
千余年薪火相续，
你见证了瓯越文明。
鱼米之乡，
东南邹鲁。
一江秀水觅诗韵，
千年文明续薪火。

第一节　从容飞渡涛不惊

巍巍群山耸立，一曲云江水，如一条黄龙蜿蜒而过，翻腾起无数惊涛骇浪。飞云江，控山带海，扼浙南闽北要冲，地理位置重要而优越，是浙江省第四大河，浙江八大水系之一，也是温州地区瑞安、文成、泰顺三地的母亲河。

飞云江发源于景宁、泰顺边界白云尖西北坡，流经景宁、泰顺、文成、瑞安四市县，全长193公里，流域面积3719平方公里。说起飞云江名称的由来，还有一段悠久的历史。三国吴时名罗阳江、安阳江，晋代称安固江，唐初名瑞安江。当时横渡瑞安江的渡口叫飞云渡，到了唐天复三年（903年），又易名飞云江。

飞云江拥有得天独厚的水利资源。据《飞云江志》记载，飞云江全流域人均水资源量2928立方米，亩均水资源量6133立方米，均高于全省和全国人均、亩均水平；平均每平方公里水能蕴藏量130千瓦，可开发利用水能111千瓦，居省内各主要河流之首。飞云江中上游水能资源丰富，有全国最高水头百丈漈水力发电厂、珊溪水利枢纽工程等水利工程设施。

飞云江流域河网密布，土地肥沃，气候温和湿润，河口和沿海富有海涂资源、航运资源和浅海资源，是流域渔业、盐业、航运业和海涂开发的重要基地。流域内有中国休闲鞋生产基地、中国汽摩配之都、中国包装机械城等重要的工业中心。

飞云江流域山清水秀，人杰地灵，是古瓯越人的发祥地之一，为孕育灿烂的瓯越文化发挥了重要作用，形成了著名的东南富庶名胜之区、人文荟萃之地，向来有"鱼米之乡"和"东南邹鲁"的美称。

飞云江旅游资源丰富，有飞云湖、泰顺廊桥、刘基故里、百丈飞瀑、石胜林海等景区。

飞云湖地处泰顺县和文成县交界处，这里烟波浩渺，波澜壮阔，青山列屏，白鹭翻飞。说起飞云湖的起源，还有一段有意思的传说。

相传很久以前，泰顺山里有个叫百丈村的村庄，从山外走来要经过一百条溪。有意思的是，有一年冬天，村外这一百条溪在雨水冲击下，汇集成了一条大溪。因为一直下雨，溪里的积水越来越多，慢慢地流进了村庄，一点点地往上涨，最终漫过了田地，漫过了门槛，后来竟漫过了整个村子，形成了一个湖，人们就叫它飞云湖。

也许你会问，百丈村就这么悄无声息地淹没在湖底了？是的，传说始终是传说。事实上，飞云湖的湖水来自水库蓄水。飞云湖实际上就是珊溪水库，是珊溪水利枢纽工程建成后拦截飞云江干流所形成的人工湖，面积54.8平方公里，是浙江南部最大的湖泊。

泰顺廊桥，位于温州市泰顺县。泰顺县境内现存以三条桥、文兴桥、永庆桥等17座廊桥为代表的30余座唐、宋、明、清四代的古廊桥。廊桥建造工艺独特，桥梁造型精巧，有木拱廊桥、八字撑木拱廊桥、木伸臂梁廊桥、木平梁廊桥、石拱木廊桥等。2006年5月25日，泰顺廊桥被中华人民共和国国务院公布为第六批全国重点文物保护单位。

"头漈百丈高，二漈百丈深，三漈百丈宽"，这是民谣中对百丈漈的描述。瀑布、奇峰、秀谷、丽湖、怪洞，百丈漈尽享大自然的鬼斧神工，纯属天工造化，绝无雕琢之意。在民间传说中，号称"天下第一瀑"的百丈漈是吕洞宾"打造"的。传说，当年补天的女娲娘娘在王母娘娘的蟠桃大会上，用一朵金色和一朵五色的莲花，变化出了天台山和雁荡山。正当众神仙大赞女娲娘娘的时候，八仙中的吕洞宾暗自下定决心要造个"天下第一瀑"。

于是，吕洞宾兴致勃勃地来到南田山福地作仙法，却一不小心将造天下第一瀑的事情泄露了出去。女娲娘娘知道了，急匆匆地赶来阻止，却发现一漈、二漈已造好了，一块块岩石正变成一群群牛羊赶去建造第三漈。女娲马上施展仙法，一边施法一边说道："什么牛羊，全是岩石变的，你骗什么人？"女娲这么一讲，一群群变成牛羊的岩石瞬间被打回了原形，滚落在水边堆积成了一处乱石堆，只见进路，不见出口，颇像武侠小说中的迷宫阵。

"悬崖峭壁使人惊，百斛长空抛水晶。六月不辞飞霜雪，三冬更有怒雷鸣。"这是元末明初著名的政治家、军事家、文学家刘基信步观赏百丈漈瀑布后所作的《观瀑》诗。诗中"悬崖峭壁"和"百斛长空"，便是南田山福地"天顶平台"上的天顶湖。天顶湖由东湖、西湖、外湖三大湖组成，形如"九龙壁"中张牙舞爪的一条飞龙，又如一面巨大的映天镜，湖光山色，群岛卧波，白鹭翔集，别有诗情画意。

飞云渡，是飞云江最大的渡口，自古为浙闽交通要津，地理位置异常显著。飞云渡曾兴盛一时，宋代时渡口辽阔、人烟稀少，宋元以后，渡口逐渐转向繁荣。明清时期，飞云渡口曾几度改官渡为民渡、义渡。据记者林晓查阅《大清律例·兵律·关津》得知，在清代，官府注重江口和渡口的安全性，把具体的"安全管理条例"写入了法律，对巡检司、渡工及来往客商都提出了要求。

光绪三十一年（1905年）八月，吴之翰倡创义渡改良会，扩建南岸码道，新建北岸待渡亭，亭内对联"少住为佳，看南浦飞云，西山雨卷；请君快渡，趁一帆风正，两岸潮平"，寄予了对从容飞渡、风正潮平的祈望。飞云渡口历史的变迁，为我们的史学研究带来了线索。如今，飞云江大桥的顺利通车推进了现代城市文明的进程，"走遍天下路，最怕飞云渡"，由此也成为一个动人的传说。

第二节　秀水寻踪觅诗韵

　　说起描写飞云江的诗人，最早的还是中国山水诗鼻祖——南朝谢灵运。公元422年的一个冬天，从瓯江上游驶来一叶轻舟，一位诗人沉吟在飞云江边，绣口一吐，开启了山水蒙昧中的灵秀。谢灵运有诗《游岭门山》云：

　　　　　戚摧三山峭，洗汩两江驶。

　　　　　渔商岂安流，樵拾谢西芷。

　　　　　人生谁云乐？贵不屈所志。

　　谢灵运的《横阳还峤上》，最能代表谢公思想情感发展。全诗采用"移步换景"法，由京师到永嘉郡，再到横阳县，由岭门山到横阳江、黄浦江，再到楼石三峰和竞江，最后返回途中见到渔商波上客和樵拾山居人，触景生情，以顺天乐命之意关合全篇。

　　飞云江流域风光独特，景色优美，自然条件得天独厚。"俯仰两青空，舟行明镜中。蓬莱定不远，正要一帆风。"南宋爱国诗人陆游笔下的飞云江碧波流荡、海天相连、云水一色，令人心胸开阔，遐想联翩。清澈、温柔、缠绵而又仙幻，仿佛是通往蓬莱仙境的神山圣水。诗人将无限深邃的情思寄寓在这一方江水中，希望扬起生命的征帆，乘长风破万里浪，这或许就是初踏仕途的陆游的心意写照。

观潮阁，是历代文人墨客登临、雅集、吟咏的胜地，留有不少经典的诗作。文人们在此凭风远眺，俯仰天地，烟波缥缈间，云气翻涌，鱼龙隐现，蔚为奇观。飞云江的美丽风光带给了诗人们无尽的创作灵感。如王奕的《观潮阁》，"清秋井邑棋枰里，落日汀洲画轴间"，诗意清秋里，落日余晖下，一江山水美如画。

宋之才的《观潮阁》中，"晚山过雨乱鬟拥，细舶点空浮雁来"，云霞明灭中的飞云江，雨后婀娜的山峦，宛如女子刚梳洗完毕的乌黑发髻，远处的船舶，像一只只大雁悠闲地浮游在清澈空明的江水上。更有南宋尚书右丞许景衡、乐清籍状元王十朋、永嘉学派陈傅良、清代太仆寺卿孙衣言等为众多观潮阁诗歌的结集作序为念。

"云飞江岸白，日落海门红"的飞云渡，是浙闽的重要通道，也是诗人最爱吟咏的千年津渡。"江上风过水生纹，烟里斜阳半曛"，江面绿波浩渺，鸥鹭群飞，两岸群山巍峨，林木葱茏，绿意绵绵，无数文人墨客在此登舟远眺，或怀古吊今，或引吭高歌，或赋诗送别，留下了许多可圈可点的诗作。

同一首《飞云渡》，不同的诗人写出了不同的味道。南宋诗坛名流林景熙的《飞云渡》：

> 人烟荒县少，澹澹隔秋阴。
>
> 帆影分南北，潮声变古今。
>
> 断峰僧塔远，初日海门深。
>
> 小立芦风起，乘槎动客心。

"帆影""潮声""断峰""僧塔""初日"，云烟缭绕的飞云江颇有韵味，怪不得经常出现在瑞安一些画册上。然而，诗人淡淡的愁绪晕染在一幅幅清新淡雅的水墨画中，正好迎合了这位宋末的遗民诗人的心境。

再看清朝陆舜的《飞云渡》：

> 百尺飞云渡，晴飞满壑云。
>
> 沧桑四时变，闽越一江分。

> 海色阴还见，边声静不闻。
>
> 莫言春汛早，庙算正殷勤。

清代，朝廷战事吃紧，浙江提学道陆舜在渡口望着四时景色不同，有感而发也创作了《飞云渡》。"庙算正殷勤"，诗人从海阔天空的冥想回到宦海沉浮的现实。

古代官员吟咏飞云渡的，还有两江总督梁章钜，因其子梁恭辰署理温州知府，梁章钜多次往返于东瓯，面对"大江流未央""浑浑夕照没""四面天容黄"的景象，写下另一首《飞云渡》，发出了"孤忠会激发，青史当阐扬。愧非济川楫，临流相感伤"的感慨。

千年津渡，也是送别的"灞桥"，留下了不少送别诗。曾任工部虞衡司郎中的皇甫汸在送别友人时写下了一首《发平阳王子追送飞云渡感泣而别因寄》：

> 相逢忽漫路岐临，相送停舟酒重斟。
>
> 目引海云飞处尽，心随潮水渡时深。
>
> 芳洲总惜人迟暮，花县那堪岁载阴。
>
> 李白从来稀下泪，问君何事独沾襟。

从相逢到相送，从目引到心随，可谓是真情实意，荡气回肠，读了不由令人落泪。

宋代平阳进士林亮功的《送友至飞云渡》也是写得情深意切，令人敬重，特别是尾句"惊起一沙鸥"，言有尽而意无穷，别有一番韵味上心头。

> 五里风涛路，人烟隔岸洲。
>
> 去帆欹绿水，别棹会中流。
>
> 西岘钟声晓，东山塔影浮。
>
> 何人有机事，惊起一沙鸥。

同样是飞云渡，也有描写早渡和晚渡的。清代余永森的《晓渡云江》：

> 声飞泊泊暮江头，两岸云迷水色悠。
>
> 山雨暗连城廓晚，风涛寒上海门秋。

浪飞溅雪千层迭，沙嘴乘潮一线浮。

安得御风同快马，横飞樯橹踏中流。

如波涛汹涌的巨幅山水画，字里行间蕴含着一种雄浑、虚幻、壮阔、豪迈的意境。

清朝李缙云的晚渡诗作《晚过飞云渡》：

虽值蛟龙卧，奔流势自雄。

云飞江岸白，日落海门红。

小艇穿层浪，孤帆饱晚风。

俄升琼岛月，光射水精宫。

诗人用神来之笔刻画了一幅精致的工笔画，体现了悠远、空灵、浪漫的意境。

最有意思的当属著名经学大师俞樾，自福州还杭过瑞安，不过半日，就给瑞安留了两首诗。他感叹飞云渡风景如画，有感而发写下了《自福州还杭过瑞安》：

飞云渡口水茫茫，历历风帆海外樯。

江面乱流行十里，依稀风景似钱塘。

海天相连，云水一色，诗人来到熙熙攘攘的千年津渡，泛舟江上，或疾或缓，自然与心灵的完美契合早已融进那一江山水之中。

第三节　千年文明续薪火

水以润泽万物、滋养生灵的特性孕育了人类，也孕育了人类的文明。"从容飞渡涛不惊"的飞云江控山带海，蜿蜒绵延，形成了璀璨而耀眼的文化瑰宝，积淀了深厚的人文底蕴和精神气质，流淌在飞云江儿女的血液之中，在时代的亘古鎏金中焕发新的魅力。

从徐震和忠训庙看八百年忠义流传

在泰顺，有一座古村落徐岙底，村落古朴自然，街巷纵横，路面铺以鹅卵石，民居错落有致地分布在街道两旁，颇具韵味。村里的一棵古树下有一座忠训庙，那里流传着动人的传说。据记载，宋宣和年间，由于朝廷军事边防软弱，无力对抗外邦入侵，因此采取妥协政策，岁贡辽、西夏大批"岁币"，导致阶级矛盾更加尖锐，百姓不堪重负。

哪里有压迫，哪里就有反抗。这时候，方腊起义军在青溪造反起义，攻城略地，队伍逐渐壮大。宣和三年（1121年）四月，方腊起义军攻进温州，紧逼瑞安境内，形势危急。这时候，徐震受命率兵作战。双方交战激烈，最终徐震壮烈牺牲。

徐震的英勇牺牲，感动了全军上下，更激发了乡绅及地方军民的反击斗志。当时乡绅薛良显、薛良朋、薛良贵兄弟三进士，官至山东转运使、吏部尚书、朝议大夫，他们收拾徐震的残余部队，对敌抗战，最终守住了家园。

宋帝因其赤胆忠心赠封其为忠训郎，并立庙祭祀。在徐震灵柩返乡的途中，经徐岙底前的玉溪暂歇，突然天降甘霖，久旱而几近枯萎的庄稼恢复生机，此后连年丰收。于是，村民们将这个地方命名为"徐岙底"以作纪念。

"闻说吹台上，秋来锁薜萝。白云长自在，幽径复谁过？天末空愁眼，尊前且浩歌。山林与廊庙，二者竟如何？"这是北宋瑞安横塘先生许景衡的《吹台》，诗中的"尊前"就是指抗敌牺牲的徐震，而"廊庙"指的是吹台山上的忠训庙。

徐震和忠训庙的故事实有记载。清嘉庆《瑞安县志》卷八人物篇中记载："居义翔乡（今泰顺县下洪乡）。宣和间，睦寇至吹台小岭，震率义兵捍御，众寡不敌，力战死之。事闻，赠忠训郎，立祠祀焉。"

如今，徐震早已离我们远去，然而徐震的忠义精神一直在我们心中。在村口苍虬古枫下的忠训庙，每逢徐震诞辰农历六月初六，都会迎来筱村镇各村村民的朝拜。

忠义，是中国人立身处世的基本原则，在数千年的发展演变中被赋予了极其丰富的内涵。当我们谈到"忠义"这一词时，人们或许会联系到封建帝王时代对皇帝的绝对尊崇，对独立人格和独立思想的放弃，但其实这是对忠义的误解。

中华民族自古以来就有精忠报国、舍生取义的优良传统。在构建和谐社会和民族复兴大业的过程中，无数仁人志士抛头颅、洒热血，为的是保家卫国，为的是民族强盛。这是一种坚韧不拔的奋斗精神，也是一种不屈不挠的刚强伟力，更是一种无与伦比的民族凝聚力，在岁月的沉淀中形成了"忠义文化"。

文能兴城，亦可化人。进入新时代，传承和发扬忠义文化要坚持以社会主义核心价值观为引领，立足时代特色，紧跟时代步伐，汲取传统忠义文化中的养分和适应现实需要的伟力,将"忠义文化"融入城市肌理,扎根百姓灵魂,构筑起"文化与人、文化与产业、文化与城市"三位一体的高质量发展体系,激发文化内生动力,让忠义文化释放忠义效应。

从飞云江古文化遗址看文化遗产保护

古文化遗址,是古代先民们在生息繁衍过程中,对自然环境改造利用后遗留下来的痕迹,如民居、村落、都城、宫殿、寺庙、作坊等。在漫长的历史长河中,由于自然和人为因素,古文化遗迹大都湮没在地下,在现代化进程中被开挖出来。

从远古时代起,飞云江流域就有先民在此生息,文成、瑞安、泰顺都曾发现多处古文化遗址。在瑞安寨山遗址,考古人员发现了各种陶片、少量石器、汉及六朝墓葬出土的墓砖及瓷器残片,以及唐宋墓葬随葬的瓷器等。

下湖墩遗址,是考古人员在百丈镇营江乡交溪垟村的下湖墩首次发现的一处新石器时代遗址。《浙江省飞云江上游古文化遗址调查》一文显示,该遗址位于泰顺县百丈溪和莒江溪的交汇点——交溪垟村北岸下湖墩山。山高约15米,山巅平坦,东南为斜坡。遗址南北长约200米,东西宽约50米。由于历年水土流失和农民种植作物的翻动,遗址遭到严重的破坏。[①]

狮子岗遗址,位于泰顺司前溪迥澜桥西北面的狮子岗山顶,面积约1万平方米,出土有石箭头、石斧、石锛等石器和陶片标本。[②]

锦边山遗址,位于筱村区新山乡潦头村东北0.5公里的锦边山,该处地势平坦,山顶浑圆,视野开阔,文物散布在地表,占地面积约1万平方米。以陶器标本为主,也有少量石器。[③]

牛角岙遗址,位于锦边山右侧山腰,隔村与乌石村相望,遗物散布在馒头形山顶和南面半山腰,占地面积约1万平方米,陶片标本较丰富,也有少

---

① 夏碎香,高启新.浙江省飞云江上游古文化遗址调查[J].考古,1993(7):587-591.
② 夏碎香,高启新.浙江省飞云江上游古文化遗址调查[J].考古,1993(7):587-591.
③ 夏碎香,高启新.浙江省飞云江上游古文化遗址调查[J].考古,1993(7):587-591.

量石器。①

山头垟遗址，位于百丈区莒江乡下村西北约 500 米的方村湖山，地势低矮，文物分布在山顶和东南面的斜坡上，遗址破坏严重，采集标本以陶片居多。②

龙珠山遗址，位于莒江乡上村东南约 500 米的后门垟山坡，由于地表被耕作，遭受严重破坏，遗物暴露地表，以陶片居多。③

一处遗址，就是一段历史、一方文化。一般而言，古文化遗址都分布在沿江两岸的溪谷地带或支流汇合处坡度平缓的小山坡上，这与地理位置、气候环境等对人类居住的影响息息相关。自古人类向阳而生，临水而居，考古人员根据这些散布的遗址和出土文物的情况推断，早在新石器时代晚期，温瑞平原地区的先民就已在飞云江流域繁衍生息，过着渔猎采集和原始农业生活。先秦时期飞云江流域的文化呈现出繁盛的局面。

文化遗址是"活"的历史，"隐形"的文化。习近平总书记强调，要把凝结着中华民族传统文化的文物保护好、管理好，同时加强研究和利用，让历史说话，让文物说话。党的二十大报告指出，要加大文物和文化遗产保护力度，加强城乡建设中历史文化保护传承，提炼展示中华文明的精神标识和文化精髓。党的二十大报告为新时代文化遗产保护工作指明了方向。要正确处理文化遗产保护中一系列复杂关系，坚持"保护第一、加强管理、挖掘价值、有效利用，让文物活起来"的新时代文物工作方针，让文化遗产"活"在当下，回归人们生活，"活"进人们心中，迸发出强大的文化力量，推动中华优秀文化走出去，与时代同行、与世界同进。

从瑞安木活字印刷看千年文明薪火相传

八百年文墨相传，近千年生命绽放。在瑞安市平阳坑镇东源村这个三面

---

① 夏碎香，高启新.浙江省飞云江上游古文化遗址调查[J].考古，1993（7）：587-591.
② 夏碎香，高启新.浙江省飞云江上游古文化遗址调查[J].考古，1993（7）：587-591.
③ 夏碎香，高启新.浙江省飞云江上游古文化遗址调查[J].考古，1993（7）：587-591.

环山的海隅村落，仍有手艺人沿用传统的木活字印刷手艺编修、印刷宗谱。这是一项几乎濒临失传的非物质文化遗产。

木活字印刷术是活字印刷术的一种，最早记载于北宋沈括的《梦溪笔谈》。在中国传统的活字印刷工艺中，木活字印刷较泥活字和铜、铅等金属活字在制作上更为简便、容易。用木活字印刷出的家谱，字形隽秀、墨迹清晰，保存时间可以达到 1000 年。

东源木活字印刷术，是目前已知的我国唯一保留下来且仍在使用的木活字印刷技艺，墨印飘香，古朴静美，至今已有 800 多年的历史，堪称世界印刷术的活化石。

走在青石斑驳的村道上，一座四合院式的木活字印刷文化村展示馆在阳光下熠熠生辉。这是世代传承中国木活字印刷技术的王氏家族祖居，始建于清代乾隆年间，至今已有 200 多年历史。王氏家族木活字印刷宗谱的历史可以追溯到 700 多年前的元代。[①]

公元 13 世纪至 14 世纪初，谱牒文化发展和木活字印刷技术广泛流行，王氏家族先祖王法懋以修谱为业，收入颇丰。从此，王氏家族与木活字印刷宗谱结下了不解之缘。明天启六年至七年（1626—1627 年），王氏家族王思勋五兄弟合族迁徙到浙江平阳的北港四十二都翔源。

清乾隆元年（1736 年），思勋第四代孙王应忠看中了依山傍水的瑞安平阳坑，携 5 个儿子迁居到现在的东源村，木活字印刷技术的祖业就在此地扎下了根基，并逐步扩散到外姓、外村。

在中国历史文化长河中，印刷术始终伴随着人类文明进程，留下了进步的轨迹，与指南针、造纸术、火药并称为中国古代四大发明，极大地推动了人类科技发展。如今，木活字印刷的墨汁芳香依然在青山绿水间千年不散。2010 年，东源木活字印刷技术被联合国教科文组织列入"急需保护的非物质文化遗产名录"。

---

① 吴小淮.《"活"在瑞安的活字印刷术[J].今日浙江，2013（8）：58–59.

　　"急需保护的非物质文化遗产名录"与"人类非物质文化遗产代表作名录"不同，前者指的是在社区群众等社会大众努力下，文化遗产的存续状况仍然受到威胁的文化遗产。确实，东源木活字印刷术的传承面临着文化断档的危机。

　　受信息化新技术和新观念的冲击，现代科技早已代替了古老的活字印刷。在信息化高度发达的今天，年轻人沉迷于高科技电子产品，对繁杂琐碎的印刷术嗤之以鼻，造成了年轻技工的短缺。谱师老龄化问题严重，年轻技工无法及时有效衔接，活字印刷行业的"新陈代谢"呈现严重的病态情形。

　　深层次原因在于人们对活字印刷术认识不到位，对文化认知及文化遗产保护重要性的认识不到位。因此，要从改变文化深层次认知角度，尽快制定合理可持续的非遗保护措施，提升文化自觉。

　　东源木活字印刷术，是一种兼具精神性、文化性的存在，是前人在特定历史条件和环境中，创造、享有并流传下来的文化财富和精神财富，是千年文明的延续。保护和传承东源木活字印刷术，要从文化生态的角度，与村落文化生态保护相结合，与瑞安地域文化和人文精神气质塑造相结合。

　　要加强民众对非遗文化的认知，增强民众对中华传统文化的文化自信，特别是要让当地村民意识到，他们即使不是谱师，也是整体文化氛围中不可或缺的一部分，在中华优秀传统文化的保护与传承中扮演着非常重要的角色。

第八章

踏浪前行的千年鳌头

——鳌江流域

荆山苍苍，

鳌水泱泱，

奔腾不息。

你是千年古鳌头，

你是瓯闽小上海。

南麂列岛，

三折神瀑，

宝胜双塔，

陈氏大屋，

你涌动着文化的浪潮，

筚路蓝缕，

破浪前行。

不是钱塘，

却胜似钱塘。

第一节　千年鳌头展雄姿

千年古鳌头，珠璧映芳华。

这是一条荡气回肠的江，也是一条独具韵味的江。鳌江，浙江八大水系之一，也是中国三大涌潮江河之一，位于浙江省东南部，总长 81.52 公里，流域面积 1544.92 平方公里，是浙江省独流入海最小的水系。

作为中国著名的三大强涌潮河流之一，鳌江没有钱塘江声名显赫，也没有闽江名扬四海，却与钱塘江、闽江一样荡气回肠、气贯长虹。其实，鳌江与钱塘江骨子里的气质是一样的。

历史有些时候是讲运气的。《广陵涛辩》对于涌潮早有记载，"春秋时，潮盛于山东，汉及六朝盛于广陵。唐、宋以后，潮盛于浙江，盖地气自北而南，有莫知其然者"。历史上，众多文献都记载了南宋钱塘江观潮的盛极一时。

然而，由于地处偏僻，鳌江潮犹似珍藏的美酒，一直不为人所知，文献记载也很少。直到清代平阳著名诗人张綦毋在《船屯渔唱》中吟道"流来三十六高源，汇作狂澜入海翻。无数青山遮不住，休教汲水怨龙孙"，鳌江贯穿平阳县境后入海流的磅礴气势惊讶了无数文人墨客。

同样的中秋观潮，鳌江潮的气势可与钱江潮相比。清人董沄《中秋鳌江观潮》中有如下诗句：

> 自入中秋夜，声势倍逶迤。
>
> 驾山山欲摇，拍岸岸为啮。
>
> 宛若天上轰狂雷，来向海门恣抨击。
>
> 又如赴敌之精兵，千骑万骑衔枚走甚疾。
>
> 是时月出天无云，云中皎皎如悬璧。
>
> 大星离离小星藏，沧海万里同一色。

鳌江，从风景秀丽的南雁荡山走来，奔向辽阔的东海之滨，千百年来演绎了不少动人的故事。据说，早在西晋太康年间平阳建县时鳌江称始阳江，后改名横阳江，又称钱仓江，俗名青龙江。据《浙江年鉴》载，因海水涨潮时，鳌江江口的波涛状如巨鳌负山，故称鳌江。[①]

鳌江，是平阳、苍南两县人民的母亲河，人们亲切地称呼其为"百里鳌江"。因港口而兴的鳌江，曾因便捷的水上交通运输成为联络周边地区的枢纽，造就了浙南著名商埠，时称"中国古鳌头""瓯闽小上海"。

在鳌江流域，有一座"贝藻王国"——南麂列岛。南麂列岛，因主岛外形与麂相似而得名，整个岛群由几十个大小岛屿构成，星罗棋布间尽显壮美。这里有碧海蓝天的仙山，温柔细腻的沙滩，你可以娱情山水间，尽享原生态的婉约，在潮涨潮落间拥着涛声入眠，在信步闲游中与山水共情。

南麂列岛海洋生物资源丰富，风光秀丽，是我国唯一纳入联合国教科文组织世界生物圈保护区网络的海洋生物保护区，也是国家级海钓基地。

三折瀑被誉为"雁山第一胜景"。这是一条悬崖绝壁中的瀑布，也是一处绵延群山中的天下奇观。三折瀑处于高崖深岩，一瀑三折，形成了上、中、下三处姿态各异的景观。据说徐霞客三过其门而未入，可见瀑布的险峻奇崛。郭沫若"我爱中折瀑"的绝美题词、央视版《神雕侠侣》小龙女16年密

---

① 《浙江年鉴》编辑委员会.浙江年鉴 [M].杭州:浙江人民出版社，1996 : 519.

室生涯的芳草留香，为三折瀑笼上了一层奇、雄、险的光环。

鳌江流域文化底蕴深厚，这里荟萃了众多的文物古迹。在平阳北的钱仓镇（2011 年撤销钱仓镇，并入鳌江镇）近郊北山麓，矗立着两座千年古塔——宝胜寺双塔。宝胜寺双塔始建于北宋靖康元年（1126 年），关于它的历史，文献史料记载较为简略。清乾隆二十五年（1760 年）的《平阳县志》有载，宝胜寺在钱仓，元祐年间曾重新修缮。民国时期的《平阳县志》有提到，钱王楼在钱仓宝胜寺，五代吴越钱王曾宿于此。史料文献表明，钱仓历史上曾建有宝胜寺、钱王一宿楼等相当规模的建筑。

清代张元启撰诗《钱王楼怀古》：

> 钱王遗迹至今存，忱见层楼绕断垣。
>
> 千乘旌旗空想象，万家灯火自朝昏。
>
> 添州未补英雄恨，废寺徒留寂寞魂。
>
> 闲立西风残照里，霜图销歇不堪论。

诗中写到的"钱王遗迹""废寺"，其实就是宝胜寺。相传，吴越王钱俶去南雁荡山朝圣时曾路过钱仓，下榻宝胜寺楼，这座楼就被称为"钱王一宿楼"。

宝胜寺毁于何时现已无法查考，但宝胜寺双塔历经 1000 多年沧桑而存续至今，非常不易。2006 年，为加强对古塔的保护，官方专门制定了宝胜寺双塔修缮方案，加强古塔的主体建筑维修和周边环境整治。目前，修葺一新的双塔使古镇钱仓更添韵味和古意。

在温州平阳县鳌江镇钱仓村的钱仓山上，有一处红色教育基地，那是金钱会起义遗址。金钱会起义，为太平天国时期浙江四大农民起义之一。清咸丰三年至十一年（1853—1861 年），平阳发生 7 次灾荒，加之官府、豪绅地主盘剥，民不聊生。咸丰八年（1858 年）夏，太平军首领石达开率领太平军攻克处州，温州震动。钱仓、赵起等 8 人受到鼓舞，在北山庙结盟组织"金钱会"，开始筹划起义，数年间发展到平阳、瑞安、永嘉、青田、福鼎一带，众达数万人。

清咸丰十一年（1861年）八月，钱仓、赵起等举旗起义与太平军侍王李世贤的部队并肩战斗，曾经威震浙闽边区，然而一年后悲壮就义，起义失败。金钱会起义虽以失败告终，但起义配合太平军在浙江的斗争，有力地打击了浙南的地主武装，打乱了清政府在浙南的统治秩序。如今，起义军的英勇事迹被浙南人民编写成鲜活的故事、长诗、唱词、小说、传记等民间文学，一代代广为流传。

从繁华的鳌江下游出发，舟行向西，一片青砖黛瓦的古建筑群耸立在群山环抱间，引人注目。这是现存基本完整的大型民居建筑顺溪陈氏大屋，布局恢宏，体量巨大，构建精巧，是浙南温州古代民居建筑体系的重要类型之一，素有"浙南清中晚期民居博物馆"的美誉，也是第六批全国重点文物保护单位。

说起顺溪陈氏大屋的来源，还有一段振奋人心的故事。顺溪村原本十分荒凉，人烟稀少。明隆庆年间，木材商人陈育球为躲避倭寇举家内迁，成为顺溪陈氏这一支的始祖。面对穷山恶水、艰难险阻，陈育球一族不畏艰难，一代又一代劈山凿石、建造筏港、打通水路，靠着勤劳的双手，在深山中造出了一座商贸重镇。陈氏家族的故事代代相传。

"青街竹，顺溪屋"，这一句流行于平阳民间的古老俗语，表明了陈氏家族奋发图强、不畏艰险、开疆拓土的创业精神早已融入每一个平阳人的血脉之中。

第二节　山水诗韵照古今

历史上早期的方志及典籍很少有关于鳌江的详细史料，只在明、清以来的温州、平阳等府、县志中偶有所书。因此，有关鳌江的文献诗句很少。而吟咏鳌江的诗词，一度被认为始于山水诗鼻祖谢灵运。

公元 422 年，谢灵运被贬任永嘉郡太守后，足迹遍及温州各县，创作了大量的山水诗。永嘉（今温州）当时是僻乡远郡，横阳县更是偏在南隅，在谢灵运之前少有名人莅临。永初三年（422 年）冬十月，谢灵运视察横阳县，游历了步廊山、岭门山、楼石山等地，写下了《横阳还峤上》（《游岭门山》）一诗[①]，这是平阳流传至今的最早的诗文，弥足珍贵。

谢灵运之后，南北宋之交，著名诗人陈与义因躲避金兵烽火，辗转逃难至岭南，于绍兴元年（1131 年）经过福建回京城临安（杭州），中途在平阳前仓（今鳌江镇钱仓社区）写下了《泛舟入前仓》：

> 曾鼓盐田棹，前仓不足言。
>
> 尽行江左路，初过浙东村。
>
> 春去花无迹，潮归岸有痕。

---

① 现存最早收录此诗的是明《弘治温州府志》。

百年都几日，聊复信乾坤。

南宋著名诗人陆游的《平阳驿舍梅花》一诗，给鳌江历史留下了千古美谈。绍兴二十八年（1158年）冬，青年诗人陆游从家乡山阴（今绍兴）出发，赴任宁德县（今福建宁德市）主簿。途中，他曾在温州江心屿留宿，后南渡瑞安江来到平阳。在平阳驿舍，他赋诗《平阳驿舍梅花》：

江路轻阴未成雨，梅花欲过半沾泥。

远来不负东皇意，一绝清诗手自题。

此后，徐恕、郑衡、董沄、孙锵鸣、俞樾等均有诗作留世。其实，并非只有外来诗人描写鳌江的山水风光，本地诗人也不乏佳作留世。晚清民国时期，苍南县钱库镇夏口村本土诗人吴国华在坐船回家途中诗兴大发，赋诗《春暮钱市泛舟归家》：

春风袅袅拂征衣，一叶轻舟逐鸟飞。

细雨落花沽酒店，夕阳芳草钓鱼矶。

苍茫平野湖边尽，黯淡遥山烟外微。

归到河桥将泊处，翳桑日暮认荆扉。

春风、细雨、夕阳、雾霭、轻舟、落花、茅草、平野、远山、飞鸟、渔父，好一幅暮春时节的江南烟雨图，颇有"永嘉四灵"之遗韵。

谢灵运、陈与义、陆游、俞樾等诗人吟咏鳌江，大大丰富了鳌江的人文内涵。风光旖旎的鳌江，千年的文化积淀和传承，铸就了鳌江"崇文尚德、包容创新、独占鳌头"的鳌江人文精神，与汹涌澎湃的鳌江一起，浸润在世代鳌江儿女的血脉中，渗透到他们的筋骨里，促使鳌江从一个江边小渔村蜕变成为闻名于世的全国经济百强镇。

第三节　珠璧联辉映芳华

人类文明的起源、进步与发展离不开水的哺育滋养。在鳌江流域，水融合在地方民俗文化之中。

从鳌江划大龙看民俗文化传承

"六鳌海上驾山来，火树银花夜夜开。犹是承平歌舞意，一声鼍鼓起春雷。海邦百怪此为宗，难得春灯岁一逢。到底纸糊成阁老，人间何处有真龙？"这是一首描绘"东方第一龙"——鳌江划大龙的诗。鳌江划大龙是平阳传统海洋渔文化的代表，是平阳人津津乐道、引以为豪的民俗文化活动。

鳌江划大龙历史悠久。民国十四年（1925 年）版《平阳县志》记载，清末鳌江划大龙在平阳盛行，民间流传其历史已逾 400 年，在浙、闽交界地区影响广泛。鳌江划大龙雄姿堪称一绝，龙体硕大无比，造型华丽生动，仪表威武，给人以震撼、自豪、奋进之感。

鳌江划大龙是平阳县传统文化活动。每当上元节，制作大龙、龙灯开光、画龙点睛、巡街游行、祭神仪式、捆龙化龙等传统民俗竞相上演，热闹非凡。《平阳县志·卷十九·风土志一·岁时》中曾写道："上元……鳌江则迎龙灯，头巨充庭，身长十余丈，扛者百余人，迎神三日或五日。"可以想象大龙游街时，宛如真龙腾空，巨龙神舞，场面壮观，气势非凡。

鳌江划大龙源自海洋文化，有其深厚的文化根源。在古代中国，龙是中华民族的图腾，鳌江因江口涌潮似巨鳌负山而得名，一直以来被称为龙的故乡。流域居民多以捕鱼为生，老百姓把对江鳌和对海龙的信仰结合起来，逐渐形成气势磅礴的鳌江划大龙。

平阳民众制作的大龙分为九段，取"龙生九子"之意，龙角写有"国泰民安、风调雨顺"字样，龙身绘着精美图画，以求五谷丰登、鱼虾满舱。这是一种民间信仰，也是一种民俗活动，具有重要的历史人文、工艺美术和民俗价值。2009年9月，鳌江划大龙成为浙江省非物质文化遗产。2014年，鳌江划大龙被列为国家级非物质文化遗产。

费孝通先生在《乡土中国》中表示："文化是依赖象征体系和个人的记忆而维持的社会共同经验。"鳌江划大龙，见证着鳌江人的赤子之心，承载着鳌江人朴素的情怀和博大的胸襟。传承和发展好鳌江划大龙这一非物质文化遗产对于推进乡村文明、乡村振兴有着非常重要的作用。

如今，乡村振兴战略的实施为传承民俗文化创造了良好的发展环境与机遇，但如何推动中华优秀传统文化创造性转化和创新性发展，实现"产业兴旺、生态宜居、乡风文明、治理有效、生活富裕"，是我们一直在研究的课题。

鳌江划大龙作为一种民俗文化，是推动鳌江乡村振兴的文化软实力之一。要挖掘鳌江划大龙文化中蕴含的深层次文化基因，把握其核心精神和基本元素，提升文化认同感，并在此基础上形成文化向心力和凝聚力，解决鳌江划大龙文化青黄不接传承难的问题。同时要加强鳌江划大龙文化文旅融合，按照文化是旅游的"魂"和旅游是文化的"船"的理念，实现非遗保护与旅游开发有效融合、品牌建设与推广营销有效融合，推动文化传承和乡村振兴的可持续发展。

从鳌江鱼文化谈人鱼情结

在鳌江流域丰富的文化元素里，鱼文化别具特色，表现在礼俗文化、爱鱼传统和语言文化之中，浸润在深厚的人鱼情结中。

从呱呱落地，到学习成长，再到谈婚论嫁、乔迁送礼，甚至白事祭祀，鱼文化伴随着鳌江人的一生。小孩出生时，外婆家送的"月里羹"、"四样"礼品，肯定少不了鱼礼包。鱼儿金光闪闪用万年青柏树叶包裹，寓意长命百岁。黄鱼，谐音方言"皇儿"，寓意祝福新生命的降生。

适龄儿童入学时，要行"放蒙"礼，娘舅外婆家要送文房四宝、雨伞、雨鞋、书包，书包中放有一对大鱼鲞、一把长葱、一盒状元糕、一双粽，长者要提着放有两条大活红鲤鱼的水桶。适龄入学儿童要亲自从长者手中接过大鲤鱼，寓意鲤鱼跳龙门，日后高中状元。

男女双方谈恋爱到了订婚的环节，男方要给女方一对绕有红绿金丝线的鱼桶，里面放了河鲫鱼，寓意好事成双、要子要孙。如果女方同意婚事，就收下一尾，另一尾回转男方；如不同意婚事，就原封不动地退回。

待到大婚之日，男方要给女方送"前头羹"，里面定有"烤鱼"，往往是油炸红烧大黄鱼，代表着家长企盼小夫妻婚后日子红红火火。结婚正宴，必有一盆不许切刀的大黄鱼上桌，俗称"全鱼"，寓意好事已合、新人团圆。

遇上乔迁，宴席上桌第一道菜肯定是清汤鱼丸，寓意着主人家和亲朋好友清清爽爽，发财吉祥。生日寿宴时，肯定会有"福鱼""寿鱼""利鱼"等。不仅红事送鱼，就连白事也一样送鱼，这鱼可有名目了，叫"送孝鱼"，表示对亲人的哀思怀念。

鱼文化融入鳌江人的日常生活之中，人们将聪明好学的人称为"龙儿"，这是鲤鱼；将圆滑之人称为"活鳎"，这是比目鱼；称爱开玩笑、爱忽悠的人为"抄烂糊"，这是弹涂鱼；将忠厚老实的人称为"木鱼"，这是毛鱼；将呆板木讷的人称为"包头鱼"，这是鳙鱼；将刁钻的人称为"乌鲤"，这是乌鳢；将横行霸道的人称为"涨肚"或"破肚"，这是河豚。凡此种种，非常有趣。

　　鳌江流域鱼文化的形成与鳌江流域的地理位置和生态环境息息相关。鳌江流域江河交错，水资源丰富，水陆交通发达，形成了苍南、平阳两县文化、经济、贸易港口重镇，同时也是鱼货上岸交易的集散之地，民间有流传"宁可三日不吃肉，不能一日无腥鲜"和"大潮吃鲜，小潮点盐"的说法。鳌江流域丰富的鱼资源和便利的交通运输，为鱼文化的形成和传播奠定了基础。①

　　为什么鳌江流域会有如此丰富的鱼文化流传至今？其实，除了鳌江流域独特的地理位置和生态环境外，也与鳌江流域的文化意识有关。鳌江人有着深厚的人鱼情结，在农历四月初八的放生节，鳌江人会选择将鱼类放生。在传统文化中，鱼是一种吉祥物，是美好的象征，唐代诗人李商隐在《寄令狐郎中》一诗中咏道："嵩云秦树久离居，双鲤迢迢一纸书。"可见，古人常把书信结成双鲤形状寄递，这已成为一种传统。

　　在中国文化的谱系中，鱼有着特殊的地位。远古时代的人们"逐水而居"，在生产力低下和存活率不高的年代，古人逐渐对繁衍能力强的鱼类产生了崇拜，将其作为生命的象征，这是早期鱼崇拜的一个原因。由此还衍生出了用鱼表达爱情的说法。例如《关雎》："关关雎鸠，在河之洲。窈窕淑女，君子好逑。""雎鸠"即鱼鹰，雎鸠不停鸣叫，以此象征"君子"追求"淑女"，表达美好的爱情。如今也经常以"鱼水之欢"寓意夫妻恩爱和谐。

　　在原始图腾崇拜后期，鱼逐渐被人们视为身份高贵的象征。古代，"龙"是神圣的、尊贵的象征。鱼在某些特征上和龙有些相似，而且从古代"鲤鱼跃龙门"等传说可看出，鱼和龙是可以相互转化的。②如《太平广记》有记载："龙门山，在河东界，禹凿山断门，一里余，黄河自中流下，两岸不通车马。……每岁季春，有黄鲤鱼，自海及诸川，争来赴之。一岁中，登龙门者不过七十二。初登龙门，即有云雨随之，天火自后烧其尾，乃化为龙矣。"

　　这在古代诗文中也有证实。唐代诗人张若虚的《春江花月夜》有云"鱼龙

---

① 孙圆圆.鳌江鱼文化[J].中国渔业经济，2006（6）：69-70.
② 王越.中国鱼文化浅析[J].赤峰学院学报（汉文哲学社会科学版），2016，37（3）：172-174.

潜跃水成文",宋代辛弃疾的《青玉案·元夕》也有"凤箫声动,玉壶光转,一夜鱼龙舞"的句子。从古代文献和诗词歌赋中可以发现,人们常常把鱼和龙看作是相通的,而龙是意象之物且为古代帝王专属,遥不可及,于是人们便更多地将情感寄托于常见的鱼身上。

自古以来扎根在人们心中的人鱼情结,在地域优势明显的鳌江流域孕育了丰富而又独特的鱼文化,形成了鳌江流域一道鲜明的文化风景。如今,随着海洋水产资源的日渐衰退,鳌江两岸渔业繁荣气象也渐渐衰退,或许人们的生活习俗也随之变化了许多,但是鱼文化作为一种文化集体意识始终扎根在人们心中,经久不衰。

第九章

古韵流芳的文化水路

——运河流域

你从远古走来，
宛如一条玉带。
蜿蜒于华夏大地，
串联起五湖四海。
没有黄河的波涛汹涌，
没有长江的奔腾激越；
清新秀丽的外表，
装满了王者的壮志雄心，
承载了庶民的悲欢离合。
行走在时光的河床，
历史长河里的流光溢彩，
斗转星移中的惊鸿一瞥，
化作千年的史诗，
流淌成一幅幅醉人的画卷。
如今，
千年史书，
跳动着时代的脉搏，
书写着中华民族的生生不息，
展示着华夏大地的波澜壮阔。

第一节　一脉千年运河情

解封历史的烟云，聆听沉淀的故事。

公元前 486 年，吴王夫差开挖古邗沟第一锹，一条世界最长、最古老的运河便由此发端。如今，古运河的大王庙内供奉着吴王夫差像，守护着千年运河的生生不息。

从吴王夫差修建邗沟北上兴兵，到秦始皇修建邗城将长江和淮河连成一片，历史上的开渠成为京杭大运河修建的开端。而真正意义上运河的雏形形成于隋朝。隋朝是大运河形成的最重要阶段。"千里长河一旦开，亡隋波浪九天来。"唐代诗人胡曾的《咏史诗·汴水》曾一度暗示了大运河开凿加速了隋朝灭亡的不争事实，也从一个侧面反映了隋朝大运河开凿的空前力度。

公元 605 年，隋炀帝下令开通济渠，公元 608 年又开永济渠，610 年继开江南运河，由今镇江引江水经无锡、苏州、嘉兴至杭州通钱塘江。至此，建成了以洛阳为中心，以北京和杭州为起始点，由永济渠、通济渠、山阳渎和江南运河连接而成，贯通海河、黄河、淮河、长江、钱塘江五大水系的水运大动脉，成为"水上黄金通道"。

元代以后，随着北京成为国家政治中心，大运河的航运目的地也由洛阳转到北京。元代对大运河水道裁弯取直,大大缩短了航运里程,形成了京杭大运河,也就是今天人们所看到的京杭大运河的前身。再加上以洛阳为中心的隋唐大运河,从宁波入海的浙东运河,中国大运河全长近3200公里,这是世界上距离最长、规模最大的运河,与长城、坎儿井并称为中国古代三项伟大工程。

浙江大运河包括京杭大运河(浙江段)和浙东运河,横贯宁绍平原和浙北平原,涵盖嘉兴段、湖州段、杭州段、绍兴段和宁波段的运河流域。运河两岸绿树掩映、阡陌纵横,经济发达、人口众多、文化繁荣。

浙东运河位于中国大运河最南端,西起杭州市钱塘江南岸,跨曹娥江,经过绍兴市,向东汇入宁波市甬江并入海,是中国大运河内河航运通道和外海连接的纽带,也是古代海上丝绸之路的重要端点之一。

这是中国古代人民创造的奇迹。千百年来,大运河与沿岸城市唇齿相依、兴衰紧联,形成了中国运河文明与城市发展历史上的一个重要谱系。浙东运河杭州萧山至绍兴段中的西兴码头见证了运河交通史。绍兴古纤道是中国大运河的两处纤道遗存之一。

浙东运河上虞至余姚段是联系曹娥江和姚江的重要河段,促进了沿线城镇的兴起与繁荣。宁波段是为避免潮汐影响而建造的航道,反映了水利、潮汐、航运技术在宋代的重要变化,并且是浙东运河通往宁波的最东段。宁波三江口是中国大运河整体的终点,是中国大运河连接海上丝绸之路的连接点。

运河水系属长江水系太湖流域,由于京杭运河横贯其中,故称为京杭运河水系,简称运河水系,也称杭嘉湖东部平原河网水系。其流域面积达7500平方公里,其中浙江境内为6481平方公里。运河水系是以纵横交错的河道形成的平原河网水系,流域内地表径流向北注入太湖,向东注入黄浦江。

王水法在《"枕水人家"运河情》中写道:"如果把长城比作中华民族的脊梁,那么大运河就是神州大地的一条大动脉,她流淌的是生命之水,承载的是梦想之舟，寄托的是精神归宿，象征的是母亲之河。"[①]

古往今来，从各国诸侯扩张疆域的战利品，到政治与经济联系中心的交通命脉，再到历史发展进程中的特殊文化价值，浙江运河汩汩流淌在江南大地上，流过江南的城市和乡村，哺育着生活在运河两岸的祖祖辈辈。运河也成为沿线人们共同认可的"母亲河"。

运河沿岸的人们枕水而居、以水为生，世代在运河上劳作、生息，随运河形成民居、集市、城市，继而形成了运河民俗、运河文化。原本局限的地域文化随着运河这条流动的纽带"活"了起来，在社会结构、生活习俗、道德信仰以及人的气质和性格上打上了深深的"运河"烙印，孕育了运河两岸的文明与繁华，也在人们心中种下了深深的"运河情结"，随着时间的推移，不断生根、发芽。

站在时间的长河里，驻足回望，中华民族这个古老的民族，以其独特的眼光、前赴后继的力量，在世界的东方开挖出了一条亘古绵延的文化水路，用东方智慧谱写出一首中华文明的史诗。

岁月悠悠，长流无际。运河之美，因水而生；运河文脉，依水而长；运河文化，因水而兴。

---

① 王水法."枕水人家"运河情［M］// 叶艳萍.运河南端.北京：九州出版社，2021：113-115.

第二节　流淌的文化印记

千年运河，生生不息。当我们在桨声欸乃里驻足回望，一条千年玉带蜿蜒于华夏大地，见证着王朝的兴替与变迁，诉说着城市的繁盛和文明。

在京杭大运河南端的杭州临平区，有一座有着千年历史的古镇塘栖，明清时贵为"江南十大名镇"之首。这座千年古镇珍藏着乾隆御赐的石碑。1751年，乾隆首次沿运河南巡，亲自调查各地漕粮贡赋收缴情况，来到有"天下粮仓"之称的塘栖古镇，为表彰浙江百姓积极纳粮，立下石碑赞扬浙江人民淳朴守信。

明朝时，杭州府通判在塘栖设立水利通判厅，掌管水利和缉拿水盗。这块石碑在塘栖原杭州府水利通判厅遗址内。这块御碑通高 5.4 米，碑身高 3.0 米，宽 1.2 米，下厚 0.5 米，正文共 429 字，四周镌云龙纹，为中国国内现存最大的御碑。

为什么江南小镇如此众多，乾隆偏偏在塘栖设立御碑呢？乾隆时期，京杭大运河航线上的运输业空前繁荣，无数的江南美食、茶叶、丝绸、工艺品沿着这条水路由南至北，运往皇城。而塘栖是南北航道的枢纽所在，杭州的商贾从这里起航去皇城，北往的船只在这里停脚卸货，因此，塘栖的地理位置非常重要。再加上塘栖经济繁荣、民风淳朴，漕粮贡赋收缴情况不错。如今，乾隆御碑静静地矗立在那儿，见证着历史的辉煌与沧桑。

1896 年，清政府在杭州设立"海关"开港通商，当时全称为杭州关税务司署，即"洋关"。杭州洋关坐落在京杭大运河终端的拱宸桥通商场，仿英式券廊设计，青砖黑瓦，线条整齐，每块界石均镌刻有"杭州海关1896"字样。作为我国建成年代较早的现存海关设施之一，杭州洋关是近代中国遭受帝国主义侵略的重要见证。

杭州著名作家兼实业家陈蝶仙为杭州通益公纱厂写了一首《通益纱厂》：

> 高低电火十分明，一片机声闹不清。
>
> 向晚女儿都放出，出檐汽笛作驴声。

古老的运河南畔，机器的轰鸣声不绝于耳，一袋袋成品布料逆运河而上，拉开了杭州近代工业的序幕。

甲午海战战败后，清政府被迫签订了不平等的《马关条约》，杭州成为新增开埠城市，拱宸桥被辟为日租界。清光绪十五年（1889 年），为了能够在拱宸桥形成与外商抗衡的实力和格局，清代杭州名绅丁丙、王震元，南浔富豪庞元济等集议并筹募股本，创办了通益公纱厂。通益公纱厂被称为"当时国人自办最大的纱厂，浙江最早的民族工业，杭州近代民族轻纺工业创建、发展史的实物见证"。

如今，在中国扇博物馆内，一座以金色纱锭和长钩针等工具组合起来的雕塑，背靠着高大的锯齿形工厂墙体，在蓝天白云的映衬下，显得格外引人注目。这座雕塑既见证了杭州近代工业的发展，也是拱宸桥城市记忆中的历史名片。

拱墅区拥有列入世界文化遗产的运河河道近 30 公里，拥有各类博物馆20 余座，市级以上非物质文化遗产 31 项。杭州拱墅运河历史街区，是拱墅运河文化的璀璨明星，也是拱墅繁荣富庶的闪光点。拱墅运河历史街区，包含桥西历史文化街区和小河直街历史文化街区。

桥西历史文化街区，早在清同治年间就是繁盛的水陆码头，2008 年启动综合保护工程后，多处建筑得到恢复。小河直街，起源于唐宋杭州城外一草市，清代发展成水陆码头，十分繁华。如今，这里是一条富有运河风情、历史文化的特色商街。

"上船下船西陵渡，前纤后纤官道路。子夜人家寂静时，大叫一声靠塘去！"一首晚清文人来又山创作的《西兴夜航船》，再现了当时西兴"过塘行"的繁忙景象。

蹚过时光的流水，承载着江南古韵和河运繁华的岁月记忆被一一唤醒。这是行走中的文化掠影，也是流淌着的古镇温情。

西兴作为钱塘江古渡，是南北人员往来、东西货物交易的重要"津渡"，自古为"浙东首地，宁、绍、台之襟喉"。这里万商云集，士民络绎，市貌繁华，因此出现了"过塘行"。过塘行，即专替过往客商转运货物的"转运行"，南北客商、东西货物都须集于此中转。全盛时期，西兴拥有七十二爿半过塘行。

由于浙东运河水位低，钱塘江水位高，尤其涨潮之后，钱塘江的水位更是远远高于浙东运河，因此浙东运河和钱塘江之间无法直接行船通航。作为运河的起点，人们只能在钱塘江入口的西兴镇停船靠岸。特殊的地理位置使得西兴连接了两条运河，它既是浙东运河的起点，也是京杭大运河的终点。

以西兴过塘行码头、西兴老街为代表的大运河（滨江区段）地处吴越文化交汇处，是浙东唐诗之路的起点，也是海上丝绸之路内河的起点。作为浙东唐诗之路的起点，西兴曾吸引无数文人墨客在这里驻足，留下了李白、杜甫、白居易、苏东坡等历代名家的壮丽诗篇。南宋时期，浙东运河成为王朝对外贸易的重要通道，瓷器、丝绸、茶叶等出口产品通过浙东运河从杭州运往宁波，再通过海上丝绸之路运往海外。

《萧山县志》载："萧山在明万历间即有过塘行。清末民初，过塘行陆续增多。"明末清初过塘行兴盛，1842年五口通商以后，西兴正处于上海、宁波两个开放城市的中点，客货运输空前繁荣，把浙东南富庶地区的物资转运到钱塘江以北，再运到京杭大运河沿线的城市，过塘行便如雨后春笋般发展起来，成为整个运河大动脉上的重要关节。

随着沙涂壅涨致使江河隔绝，钱塘江逐渐北移，过塘行建筑逐渐退出历史舞台。到了近代，除了古堤岸埠头依然存在，其余只剩下遗址或旧址。目前，西兴过塘行码头遗产保护区划范围内共有全国重点文物保护单位——大运河西兴码头与过塘行建筑群 1 处（含 19 个资源点）、省级文物保护单位——萧绍海塘（北海塘）1 处、市级文物保护单位 1 处、市文物保护点 1 处、历史建筑 5 处。沿街分布着屋子桥、铁陵关、永兴闸、西兴驿等遗址，以及残存的牌坊、街亭、河埠头等众多文物古迹，较完整地保留了清末民初两街一河的格局。西兴过塘行码头见证了西兴作为沟通浙东运河与钱塘江的水陆交通枢纽的盛景，也沉淀了西兴的历史文脉。

一部西兴史，一座过塘行。如今，过塘老街繁华已褪，但河流依旧，房屋依旧，运河之头，遗落的风景和小镇居民安详宁静的生活诉说着历史的变迁。2013 年，西兴码头和过塘行建筑群被列入第七批全国重点文物保护单位。

漫长的漕运历史中，星辰一样散落在各地的粮仓，在光阴流逝间，留给后人的却只有"北新南富"的北京南新仓与杭州富义仓。富义仓，建于清光绪六年（1880 年），是南粮北运的中转站，被誉为"天下粮仓"。作为古代城市公共仓储建筑群，富义仓闪烁着古人智慧的火花，是运河文化、漕运文化、仓储文化的实物见证。如今，整修开放后的富义仓成为创意园区，"物质粮仓"变身为"精神粮仓"，"以仁致富，和则义达"的精神永垂不朽。

运河悠悠通古今，文脉绵绵永不绝。闻名遐迩的运河，不仅是一条四通八达的水路要道，也是一条充满诗韵的文化之河。

宋代僧人释居简在《小泊湖州》中描绘了湖州一带河流纵横交错的美景，再现了江南水乡的秀丽风景：

> 蜿蜒粉雉枕寒汀，阔著清苕碧界尘。
>
> 帆落水晶宫未晓，素花开尽一汀蘋。

黄复之在《过临平》中描写了临平运河"人语水相应，帆移山倒行。鹭飞秋屿冷，虹饮晚川明"的旖旎风光，抒发了"不是凭诗句，丹青写不成"的感慨。白鹭飞翔，秋屿孤冷，晚川明灭，运河的美宛在眼前。

清代蒋士铨的《杭州》写得颇具现实色彩。"桥影条条压水悬"，一个"压"字，将"一座座石桥横跨水上，一道道桥影倒映水中"的江南特有的佳景幻化成巨大的载负，沉重地压迫水面，与诗人亲历的官兵盘剥扰民的恶劣行径相呼应，凝聚了诗人深沉的愤慨。

诗中所说的重兵把守的关卡就在杭州东南凤凰山侧的水城门。水城门曾是南宋皇城标志性的水门和桥梁，也是大运河杭州段入选的世界文化遗产之一，史载为元至正十九年（1359 年）张士诚据浙西五郡、改筑杭城时所设的五座水城门之一。水城门由两座不同跨径的石砌拱券并联而成，城上建楼，可屯兵百余。

当时，大江之水自龙山闸入凤山水门，由南而北，纵贯杭城而过，直出武林水门，与大运河相通。可见，凤山水门地理位置显著，既是龙山河的北端端点，也是扼守江南运河通往钱塘江的咽喉。如今，城楼坍圮，城门两边早已断头，城墙破损，闸门难觅，只剩下中间拱形的一段。

岁月流转，时光蹁跹，凤山水城门默默地注视着朝代的更替和社会的变迁，守护着城门内外百姓的安康，拱门上方"凤山水门"4 个大字，历经 600多年风雨，依然熠熠生辉。2013 年 3 月，水城门被国务院列为全国重点文物保护单位，是杭州唯一一座保存 600 多年的古城门。

"为政以德，譬如北辰，居其所而众星共（同'拱'）之。"拱宸桥，东西横跨大运河，是京杭大运河南端终点的标志，是大运河杭州段最精华的部分，也是大运河杭州段入选的世界文化遗产之一。拱，即拱手，宸是帝王居住的地方，每当帝王来巡，这座高耸的石拱桥拱手迎接帝王的到来，由此得名。

写拱宸桥的诗作不少，但清代诗人宋伯鲁的《拱宸桥夕发》，全诗并未出现"桥"，却处处是"桥"。诗人借"流水马声双槛外，夕阳塔影两山尖。归期未筮翻西去，愁绝河桥翠柳纤"诗句，将拱宸桥下的运河水，化作诗人思归的悲歌。人们仿佛看到了夕阳下的诗人，站在拱宸桥下，将离人折柳的深情和愁绪浸染在一江春水之中。

一座拱宸桥，半部杭州史。这是一座有历史、有文化、有记忆的桥。作为杭城古桥中最高最长的石拱桥，拱宸桥不仅勾连了交通，而且还承载着历史文化和情感记忆。站在杭州水运的北大门，这里曾是漕运往来的交通要道和繁华商埠，杭州的第一条铁路、第一个火车站、第一家报社、第一个邮局都在这里诞生、成长。桥西历史文化街区位于拱宸桥西侧，依傍着上千年的古运河，成为运河边千百年来倚河而兴的城市居民聚集区的缩影。

自古以来，人与水有着天然的联系。运河与自然河不同，作为人工开凿的河流，运河与人的关系显得更为紧密。因此，运河流域的诗词有对当地河景湖色的歌颂与描绘，有对运河民风民俗的描写，还有对运河流域百姓生活的悲悯与感怀。

明代周清原的小说《西湖二集》描写了杭州七夕节的乞巧风俗，"杭州风俗，每到七月乞巧之夕，将凤仙花捣汁，染成红指甲，就如红玉一般，以此为妙"，展示了吴越韵味独特的地域风情。

宋人黄榦有诗《甲子语溪闵雨四首》：

其三

牛女盈盈河汉傍，清风肃肃吹罗裳。

朱门达旦听歌曲，莫遣浓阴蔽夜凉。

其四

老夫年老百不悲，夜听群儿声吾伊。

呼童握手长太息，不见侬家数口饥。

诗中朱门的安乐与寒门的饥荒形成了鲜明的对比，让人闻之落泪，见之生怜。其实，这悲哀的状况并不只是运河流域的生活，而是当时宋朝整个社会的缩影。

千年运河，使浙江拥有"运河水乡处处河，东西南北步步桥"的独特江南水乡风韵。运河不仅留下了广济桥、里万物桥、拱宸桥等千年古桥，不少沿河地段也因桥得名。卖鱼桥、德胜桥、拱宸桥、丁桥等，成为杭州重要的地域文化。运河也留下了"夹城夜月、半道春红、西山晚翠、花圃啼莺、皋亭积雪、江桥暮雨"等独特的运河水景,至今让人流连忘返,回味无穷。

在京杭大运河的形成过程中,浙江一大批临河的名城重镇依靠漕运逐渐兴起,不断变得繁荣、富裕。城市的发展不会是偶然的。在古代,水运是最重要的交通运输方式之一,大运河的开通,连接了从北到南的重要城邑,在运河沿岸城市的崛起和文化的交流中起到了决定性的作用。

革命文化,也是大运河文化的闪光点。千年古运河见证了中国共产党的诞生,浙江嘉兴南湖上那艘承载革命的小小红船,汲取了运河人民百折不挠的奋斗精神,在大运河的怀抱中缓缓驶来,矗立起了中国共产党人的精神丰碑,告诉我们"走得再远,也不能忘记来时的路"。

深入推进大运河文化保护传承利用,有利于充分彰显中华优秀传统文化持久影响力、社会主义先进文化强大生命力。如果说被大运河穿城而过的江苏无锡,首创民营经济发展模式,促成经济腾飞和文化繁荣,那么处于浙东运河的浙江,面对改革开放的浪潮,凭借着勇于变革的精神力量,开创了浙江模式和浙江经验,为社会主义先进文化的发展注入了新的内涵和动力。

习近平总书记强调:"大运河是祖先留给我们的宝贵遗产,是流动的文化,要统筹保护好、传承好、利用好。"① 如今,当流传了数百年的船工号子被重新唱起,"流动遗产"唤醒了沉睡的文化,保护千年运河的脚步迈得更实,创新文化传承的道路走得更宽,千年不息的运河将成为流动的中华文明、休闲的天堂画卷、永恒的精神图腾。

---

① 郑民德. 明清运河漕运仓储与区域社会研究 [M]. 北京: 人民出版社, 2020: 3.

第三节　流动的中华文明

水是万物生命之源，是运河文脉的载体。运河文化，依水而生，因水而兴，贯通南北，历经数千年的历史演变，形成了独具特色的文化空间与历史文脉，不仅构成了中华文脉多元一体的文脉系统，而且成为中华民族的精神向度。

从文学作品读运河文化意象

明清小说中对经商的描写多集中在运河城市。钱塘，现在的杭州，"市列珠玑，户盈罗绮，竞豪奢"，商业一直十分发达。如小说《儒林外史》是这样描写钱塘的："五步一楼，十步一阁"，"卖酒的青帘高扬，卖茶的红炭满炉，士女游人，络绎不绝"，"庙门口摆的都是茶桌子。这一条街，单是卖茶的就有三十多处，十分热闹"。《红楼梦》中四大家族能在杭州找到对应的原型，其中不乏家境殷实的商贾世家。《三侠五义》里展昭和丁兆蕙在杭州结识，也是缘于为周老汉打抱不平，帮其夺回茶楼产业。看来，历史上"钱塘自古繁华"的诗句也是实至名归的。而商贾意象也成为明清小说中的运河文化意象。

商贾意象成为明清小说中的运河文化意象是有原因的。文学作品是源于现实，又高于现实的精神产物，受客观外在环境影响，又受主观条件制约。邹晓华在《论明清小说中的运河文化意象》一文中指出，大运河贯穿古今，连接起五大水系，其地理背景构成了明清小说创作的自然意象，成为历史人物和时代更迭的见证。①

事实上，运河带动了沿线城市的繁荣。作为"南粮北运"的漕运大动脉，大运河沿岸依水而兴，经济文化曾繁盛一时。隋唐大运河贯通后，隋朝在余杭设州，改名杭州。两宋时期，大运河成为政治、经济、文化重要命脉，杭州成为漕运的首要目的地。南宋定都临安后，杭州的城市发展达到历史上的最高峰。

相比明清小说，诗词歌赋中的运河文化意象更丰富。大运河上流淌的古诗词不胜枚举，有游览山水，赞美祖国大好河山，抒发对自然风景的热爱的；有羁旅行役，触景伤情，抒发个人心绪的；有怀古咏史，感慨兴衰，托古讽今的；还有离别送行，抒发依依不舍之情的。

"竹色溪下绿，荷花镜里香。辞君向天姥，拂石卧秋霜"，唐代浪漫主义诗人李白在《别储邕之剡中》中描写了舟从广陵，沿运河至会稽一带的优美风光。溪水清澈，掩映着丛丛绿竹，水明净如镜，倒映着荷花的倩影，清香袅袅。唐代诗人张志和在《渔歌子》中描写了江南湖州"西塞山前白鹭飞，桃花流水鳜鱼肥"的生机勃勃的美丽景色。

北宋诗人苏轼在《虞美人·有美堂赠述古》中描绘了杭州沙河塘的繁华景象："沙河塘里灯初上，水调谁家唱？"华灯初上，轻歌曼舞，一片热闹繁华。白居易在《东楼南望八韵》中也有对杭州的描述："鱼盐聚为市，烟火起成村。"

元代诗人和画家萨都剌也留下了不少运河诗词。其中，《过嘉兴》勾勒了一幅千岩万壑、云蒸霞蔚的三山云海图："芦芽短短穿碧沙，船头鲤鱼吹浪

---

① 邹晓华. 论明清小说中的运河文化意象[J]. 常州工学院学报（社会科学版），2021，39（5）：1-7.

花。吴姬荡桨入城去，细雨小寒生绿纱。"

宋代诗人道潜舟过临平山，有感于夏日江南风景，创作了《经临平作》：

风蒲猎猎弄轻柔，欲立蜻蜓不自由。

五月临平山下路，藕花无数满汀洲。

这位绘景传神的七绝高手仅用"风蒲""蜻蜓""藕花""汀洲"四个意象便勾勒出一幅生机盎然的江南夏景图，诗人悠闲自在的心情也呼之欲出。

西陵渡口，是大运河一个重要的驿站，也是众多文人墨客送别的地点。因此，西陵渡口往往作为一个意象，在诗词歌赋中表达离愁别绪。如唐代诗人贺知章在《晓发》中写道："江皋闻曙钟，轻枻理还舠。海潮夜约约，川露晨溶溶。始见沙上鸟，犹埋云外峰。"诗人于西陵渡头与乡友告别，望着沙滩上的鸟儿无拘无束地飞翔，连绵的群山在云雾里若隐若现，发出了"故乡杳无际，明发怀朋从"的感慨，对故乡和友人的不舍跃然纸上。

宋代诗人吴文英在《齐天乐·别情》中追忆了与爱妾离别时的场景："烟波桃叶西陵路，十年断魂潮尾。古柳重攀，轻鸥聚别，陈迹危亭独倚。凉飔乍起，渺烟碛飞帆，暮山横翠。"西陵渡口，"古柳""轻鸥""危亭""凉飔""暮山"，凉风乍起，诗人独倚高亭，凄迷、孤独之感涌上心头。

怀古咏史，是诗人们表达心志的一种方式。唐代大诗人李白游览越中，有感于吴越之争，写下《越中览古》："越王勾践破吴归，义士还乡尽锦衣。宫女如花满春殿，只今惟有鹧鸪飞。"春秋时期，吴越争霸，越王勾践先被吴王夫差打败，后卧薪尝胆，东山再起，最终消灭了吴国。诗人极尽笔墨描写了战士还家、越王还宫，却将曾经卧薪尝胆的磨砺忘得一干二净的场面。诗人慨叹盛衰无常，希望后人从中得到警醒。

宋代词人周密在《三姝媚·送圣与还越》一词中因友人离去有感而发，"露草霜花，愁正在、废宫芜苑"。词人用"废宫芜苑"表示家国覆亡，用"莫诉离肠深浅。恨聚散匆匆，梦随帆远"直抒胸臆，表达了词人内心无奈的亡国之痛。

从古至今，人类一直借助运河水道进行人员的迁徙与物资的流动。由此，产生了不同区域人群间物质与文化的多维度交流。浙江运河作为一种独特的空间，文人墨客纷纷游历于此，运河沿岸的文化遗产不断融汇与创新。运河也成为蕴含丰富文化内涵的社会活动场所和精神情感空间。

现实的运河与文人们心中的运河交织相融，成就了举世闻名的运河文化。千百年来，运河承载的不只是南北漕运，更是劳动人民的血汗与涕泪；凝聚的不只是文人墨客对于历史的哀叹与歌颂，更是人们对于未来的憧憬与期许。这时候，文学作品中的运河文化意象，早已不再是单纯的运河文化景观，而是人们心中的生命之河、精神之河。

从运河遗韵看文化遗产保护

一泓碧水，串起城市文脉。作为城市发展、经济繁荣、文化兴盛的时空轴线，这条风韵之河蕴含着丰富的文化遗产，有维系朝廷命脉的河畔粮仓，有承载行旅文化的馆驿桥梁，更有数不尽的历史传说、人物典故和民间风俗。在大运河申遗的100多个遗产点中，仅杭州段就有6个遗产点：拱宸桥、广济桥、桥西历史文化街区、凤山水城门遗址、富义仓、西兴过塘行码头。

马克思指出，"劳动是一切财富和一切文化的源泉"。[1] 中国大运河是劳动人民实践的成果，蕴含着水利技术、文学艺术、建筑技巧、各类手工技艺等中华优秀传统文化，是运河区域人民在长期的社会实践中创造的物质财富和精神财富的总和，是中华民族流动的血脉。如在开挖修筑大运河过程中形成的水源工程技术、运河水位调节工程技术等，在引水、调水和过船等方面都体现了当时世界的最高水平；如享誉中国的淮扬名菜，乘着悠悠的运河之水名扬四海；如临河而建的各色桥梁、历史建筑，见证着历史的变迁，体现着运河地区人们的智慧和才干；再如再现大运河沿线城市繁荣的《清明上河图》和《姑苏繁华图》、运河诗歌与小说，滋润着沿岸百姓的文化生活与人文

---

[1]　中共中央马克思、恩格斯、列宁、斯大林著作编译局 . 马克思恩格斯选集（第3卷）［M］. 北京：人民出版社，1995：299.

情趣……

受文化价值认知的局限性和文化传承发展的同质化影响，大运河世界遗产保护存在着不少现实困境。文化认知是人们对文化价值本质的思想意识，这种意识受文化知识水平、思想情感等主观因素的影响，也受外界文化环境的制约。大运河绵延千年，遗存了大量的文化遗产，内涵和外延都极为丰富。

目前，运河沿岸各地对大运河遗产保护均极为重视，但受认识水平和地区差异等影响，各地在处理大运河遗产内涵和外延上不尽相同。有的地区只注重保护文化遗产，忽视了运河的航运功能；有的只关注核心文化遗产，忽视了附属文化遗产和非物质文化遗产；还有的把各地区的文化遗产割裂对待，只注重本地文化遗产的保护与传承，未看到本地文化遗产与附近区域文化遗产的相关性和连续性。

马克思认为，"不是人们的意识决定人们的存在，相反，是人们的社会存在决定人们的意识"。[①] 大运河是活态的、流动着的文化遗产，是贯穿多个流域、涉及多个城市的文化遗产，同时也是至今仍在使用的文化遗产。因此，任何静态的、孤立的、单一的保护传承方式都是不科学的。对大运河的保护要坚持整体与部分相统一，历史与现实相结合，当下与长远相促进的原则。

文化传承就是将人类在实践过程中创造的物质和精神财富的总和延续、传递下去。大运河文化的内涵和形式，既包括了古代的传统文化形态，又包含了近代革命文化形态，还包含了与时代相适应的新的文化形态，这是一个动态发展的过程，随着时间的推移和时代的进步，不断丰富和发展着其内涵和形式。

由于地理环境等不同，运河沿线每个地区的文化特色各有不同，但都呈现了运河文化底蕴，也是每个地区的文化之根和文化之魂。如果一味采用模

---

① 中共中央马克思、恩格斯、列宁、斯大林著作编译局 . 马克思恩格斯选集（第 2 卷）[M]. 北京：人民出版社，1995：32.

仿复制的方式或者千篇一律的模式去传承发展，就会出现文化传承发展同质化现象，失去了文化的特色，也没有了根和魂。

王莉莉在《文化自信引领中国大运河世界遗产保护研究》中指出，大运河作为特殊的物质载体，承载着丰富的文化遗产，蕴含着独特的文化基因。运河文化基因既包括显性文化基因，也包括隐性文化基因，其中以文化形态呈现的历史文化、民族精神、文学艺术等属于隐形文化基因。而通过人们的生产生活方式表露出来的农耕、航运、餐饮、商贾、民俗风俗等文化形态以及运河城市的建筑风格、城市风貌等外部表征都属于显性文化基因。①

马克思在揭示文化发展的继承性和超越性本质时指出，"历史不外是各个世代的依次交替。每一代都利用以前各代遗留下来的材料、资金和生产力"。② 由此可见，文化发展是在继承现有文化基础上的再转化和再创造。运河文化发展要在继承运河文化基因的基础上，根据显性基因和隐性基因的不同特征，对运河文化基因进行活化和创造，让它在新时代绽放独特的魅力，并随着时代的发展不断赓续新的文化血液，丰富新的文化内涵。

习近平总书记在党的二十大报告中指出："要推进文化自信自强，铸就社会主义文化新辉煌。"③ 大运河文化积淀着我国劳动人民伟大的智慧与力量，滋养着中华民族悠久的历史文脉。从2014年大运河文化遗产成功晋升为世界文化遗产，到大运河文化带建设成为国家战略，国家对大运河文化发展空前重视。"十四五"时期，我们要构筑大运河文化带命运共同体，串联8省市33座运河城市的发展命运，从流淌着的遗产中挖掘活的历史，使其焕发新的活力，推动大运河从"地理空间"走向"文化空间"，从"文化空间"奔向"精神空间"，使千年运河的共富文脉源远流长。

---

① 王莉莉.文化自信引领中国大运河世界遗产保护研究[D].无锡：江南大学，2018.

② 马克思，恩格斯.费尔巴哈[M].北京：人民出版社，1988：37.

③ 习近平.高举中国特色社会主义伟大旗帜 为全面建设社会主义现代化国家而团结奋斗——在中国共产党第二十次全国代表大会上的报告[M].北京：人民出版社，2022：42.

参考文献

1. 陈静,俞侃.生态文明视阈下钱塘江唐诗之路水文化遗产保护与传承研究[J].浙江水利水电学院学报,2022,34(5):8-12.

2. 陈静.钱塘江杭州段海塘文化遗产保护与传承研究[J].浙江水利水电学院学报,2023,35(5):8-12.

3. 陈静.钱塘江水文化艺术精神初探[J].浙江水利水电学院学报,2022,34(2):8-11.

4. 陈静.浙江治水精神探析[J].新时代教育,2022,28:271.

5. 陈凯.瓯江山水诗路的文学地理形态与演变[J].温州职业技术学院学报,2020,20(4):74-79.

6. 陈桥驿.越族的发展与流散[J].东南文化,1989(6):89-96,130.

7. 陈晓锐.论艺术创新[J].艺术研究,2013(2):150-151.

8. 丁萍.审美艺术的敬畏伦理思考[J].山东女子学院学报,2013(5):94-96.

9. 黄海蓉.农村孝文化传承的支撑点[J].人民论坛,2018(6):78-79.

10. 蒋勋.《富春山居图》与中国文人精神[N].解放日报,2017-05-19.

11. 金丹丹.一种历史，一种情怀，一种精神——专家谈"钱塘江文化"[J].文化交流，2018（9）：12-15.

12. 李军明，向轼.论乡村振兴中的文化重构[J].广西民族研究，2018（5）：95-103.

13. 林士民.浅谈宁波"海上丝绸之路"历史发展与分期[C]//宁波与"海上丝绸之路"国际学术研讨会论文集，2005.

14. 刘海燕.浅谈《富春山居图》的艺术精神[J].美术教育研究，2011（5）：30-31.

15. 刘佳佳.钱塘江文化价值传播之思考[J].杭州（党政刊8），2017（7）：27-28.

16. 马克思，恩格斯.费尔巴哈[M].北京：人民出版社，1988.

17. 孙圆圆.鳌江鱼文化[J].中国渔业经济，2006（6）：69-70.

18. 王莉莉.文化自信引领中国大运河世界遗产保护研究[D].无锡：江南大学，2018.

19. 王水法."枕水人家"运河情[M]//叶艳萍.运河南端.北京：九州出版社，2021.

20. 王越.中国鱼文化浅析[J].赤峰学院学报（汉文哲学社会科学版），2016，37（3）：172-174.

21. 吴小淮."活"在瑞安的活字印刷术[J].今日浙江，2013（8）：58-59.

22. 习近平.高举中国特色社会主义伟大旗帜　为全面建设社会主义现代化国家而团结奋斗——在中国共产党第二十次全国代表大会上的报告[M].北京：人民出版社，2022.

23. 夏碎香，高启新.浙江省飞云江上游古文化遗址调查[J].考古，1993（7）：587-591.

24. 徐伟.弘扬中华优秀传统文化的特质——基于孝文化的马克思主义哲学探索[J].毛泽东邓小平理论研究，2021（2）：30-37.

25. 张科."苕溪渔隐"的荻港鱼文化[J].文化交流，2012（11）：15-17.

26. 张彧,王丽.寻根钱塘文化求索浙人精神[J].文化交流,2018(9):9-11.

27. 赵晔.良渚:中国早期文明的典范[J].南方文物,2018(1):69-76.

28.《浙江通志》编纂委员会.浙江通志·钱塘江专志[M].杭州:浙江人民出版社,2021.

29. 中共中央马克思、恩格斯、列宁、斯大林著作编译局.马克思恩格斯选集(第2卷)[M].北京:人民出版社,1995.

30. 中共中央马克思、恩格斯、列宁、斯大林著作编译局.马克思恩格斯选集(第3卷)[M].北京:人民出版社,1995.

31. 中共中央马克思、恩格斯、列宁、斯大林著作编译局.马克思恩格斯选集[M].北京:人民出版社,2012.

32. 钟其鹏.唐代士人推崇谢安探因[J].钦州师范高等专科学校学报,2005(3):24-27.

33. 周小平.中国画的文化精神探析[J].淮南师范学院学报,2005(2):58-60.

34. 朱海风,史月梅,张艳斌.水与文学艺术[M].北京:中国水利水电出版社,2015.

35. 朱良志.中国艺术的生命精神[M].合肥:安徽教育出版社,1995.

36. 竺柏岳.浙东唐诗之路与剡溪[J].科学24小时,2011(21):49-51.

37. 宗白华.美学散步[M].上海:上海人民出版社,1981.

38. 邹晓华.论明清小说中的运河文化意象[J].常州工学院学报(社会科学版),2021,39(5):1-7.

后 记

　　文化，是一个国家和民族的灵魂和精神家园，是民族凝聚力和创造力的重要源泉，是国家发展和民族振兴的精神支撑，也是衡量社会文明和人民生活质量的显著标志。马克思对文化本质的分析以人的"类本性"为起点，以实践为基石，以人的自由全面发展为价值取向，强调文化的创造本性和交往实现，为我国当前的文化建设提供了思想基础。

　　习近平总书记高度重视文化自信、文化建设。在浙江工作期间，习近平同志明确指出，文化是民族的灵魂，是维系国家统一和民族团结的精神纽带，是民族生命力、创造力和凝聚力的集中体现，是综合实力和国际竞争力的重要组成部分。党的二十大明确指出，全面建设社会主义现代化国家，必须坚持中国特色社会主义文化发展道路，增强文化自信，围绕举旗帜、聚民心、育新人、兴文化、展形象建设社会主义文化强国，发展面向现代化、面向世界、面向未来的，民族的科学的大众的社会主义文化，激发全民族文化创新创造活力，增强实现中华民族伟大复兴的精神力量。

　　新时代，新征程。作为文化大省的浙江，怀着高度的文化自信、文化自觉和文化担当，从中华优秀传统文化中挖掘浙江人民对于美好生活向往的思想资源，厚植中国式现代化道路的浙江文化根基，提炼展示中华文明的浙江精神标志和文化精髓，传播"诗画江南 活力浙江"的浙江故事和浙江声音，推动浙江文化走向全国、迈向世界！

图书在版编目（CIP）数据

文化自信视域下的"诗画江南　活力浙江" / 陈静
著. -- 杭州：浙江大学出版社，2023.8
ISBN 978-7-308-23693-5

Ⅰ．①文… Ⅱ．①陈… Ⅲ．①文化史－浙江 Ⅳ．
①K295.5

中国国家版本馆CIP数据核字(2023)第069824号

文化自信视域下的"诗画江南　活力浙江"

陈　静　著

责任编辑	汪淑芳　汪　潇
责任校对	黄梦瑶
责任印制	范洪法
封面设计	周　灵
出版发行	浙江大学出版社
	（杭州市天目山路148号　　邮政编码　310007）
	（网址：http：//www.zjupress.com）
排　　版	杭州林智广告有限公司
印　　刷	杭州高腾印务有限公司
开　　本	710mm×1000mm　1/16
印　　张	12.5
插　　页	5
字　　数	191千
版 印 次	2023年8月第1版　2023年8月第1次印刷
书　　号	ISBN 978-7-308-23693-5
定　　价	56.00元